Der unfassbare Gott

Arne Völkel

Der unfassbare Gott

Was wir wirklich glauben können

SCM R.Brockhaus

Die Edition

A U F A T M E N

erscheint in Zusammenarbeit zwischen
SCM R.Brockhaus im SCM-Verlag, Witten
und dem Bundesverlag, Witten.
Herausgeber: Ulrich Eggers

© 2009 SCM R.Brockhaus
im SCM-Verlag GmbH & Co. KG, Witten
Umschlag: Ursula Stephan, Wetzlar
Satz: AALEXX Buchproduktion, Großburgwedel
Druck: CPI–Ebner & Spiegel, Ulm
ISBN 978-3-417-26269-8
Bestell-Nr. 226.269

Für Lena

INHALT

Wohin die Reise geht

Haben Sie keine Fragen an Ihr Christsein? Dann haben Sie vermutlich das falsche Buch gekauft. Legen Sie es zur Seite – vielleicht für spätere Zeit. Oder lesen Sie weiter und bringen Sie dabei die Fragen mit, die offen zu stellen Sie sich schon lange vorgenommen haben. Ich bin überzeugt, wir wachsen durch die Widerstände, die wir überwinden, und nicht dadurch, dass wir in vorgespurten Bahnen denken, handeln und Gott suchen. Gestehen wir uns unsere Zweifel ein: Mir fehlt es in meinem Glauben an Überzeugung, Freude und Zuversicht. Ich weiß nicht, ob mein Gott der eine wahre ist. Ich weiß nicht, ob ich ihm trauen kann und ob ich weiter an ihn glauben will. Gestehen wir uns das ein, ehrlich vor uns selbst wie vor Gott. Aber sagen wir dann auch: Ich bin bereit, mich Gott zu stellen. Ich habe mit ihm zu reden und will hören, was er zu sagen hat. Aus meinem Herzen will ich keine Löwengrube machen und meinen Verstand nicht betäuben. Ich will Gott alles sagen, was mich bewegt, auch das, was ich nicht verstehe, nicht akzeptieren will, nicht glauben kann. Ich wage es und trete ihm gespannt entgegen, weil er mich auffordert, mit ihm zu streiten. Und dann warte ich, was geschieht.

> Was ihr so redet, hab ich längst gehört, ich hab es gesehen und mir gemerkt.
> Was ihr da wisst, das weiß ich allemal, darin nehm ich es gerne mit euch auf!
> Doch nicht mit euch, mit Gott hab ich zu reden.
>
> Hiob 13,1-3

Ob dieses Buch für Sie zum Lesespaß und Glaubensgewinn wird, ist noch nicht ausgemacht. Nur als Beobachter werden Sie kaum Nutzen davon haben. Beantworten Sie sich daher diese Frage: Will ich ehrlich sehen, wo ich im Glauben stehe, und will ich wirklich Gott begegnen? Ich bin überzeugt: Es ist besser, sich selbst bewusst an gefährliche Klippen heranzuführen, als vom Leben überrascht zu werden und von ihnen herabzustürzen.

Aller Streit hat seine Zeit

Am Vorbild Jesu sehen wir, wie wesentlich für ihn das Gebet war, zu dem er sich in die Einsamkeit zurückzog. Diese Zeit des Tages war ihm die Quelle seiner Kraft; sie war sein Treffpunkt mit Gott. Halten Sie sich darum in den Tagen, an denen Sie dieses Buch lesen, Zeit frei, um nachzudenken und zu beten. Wenn wir bewusst für Gottes Ansprache offen sind, kommt er uns entgegen. Vielleicht beschleicht Sie Unbehagen oder sogar Furcht bei dem Gedanken, eine rückhaltlose Inventur Ihres Glaubens zu wagen. Doch überwinden Sie die Angst, Ihre Zweifel und Not noch länger für sich zu behalten! Folgen Sie auch an dieser Stelle dem Vorbild Jesu. Als er vor seiner Verhaftung, vor dem drohenden Verhör, der zu erwartenden Folter und dem Tod zitterte, teilte er sich seinen Jüngern mit (Markus 14,34) und rang mit seinem Vater im Himmel.

Entschließen Sie sich, Ihre Fragen täglich mit Gott zu besprechen. Vielleicht erscheint Ihnen das unmöglich, weil Sie viel zu tun haben oder es nicht gleich übertreiben möchten. Dennoch mein Tipp: Legen Sie nach Ihren Lebensumständen eine bestimmte Zeit Ihres Tagesablaufes fest, in der Sie innerlich frei sind von drängenden Aufgaben und Terminen. Und halten Sie diesen Treffpunkt ein, den Sie mit Gott vereinbart haben. Davon hängt viel für den Prozess der Selbstklärung ab. Stellen Sie sich dieser hohen inneren Verbindlichkeit. Tatsächlich gehen wir zu viele Dinge nur halbherzig an und sind dann frustriert, wenn der geringe Einsatz nichts verändert. Reservieren Sie sich für Ihre Gedanken und Gebete eine halbe Stunde am Tag. Diese Zeit können wir mit Sicherheit entbehren, denn diese 30 Minuten sind wichtig für uns. Atempausen und kreative Denkpausen einzuplanen ist keine

Frage fehlender Zeit, sondern eine Frage unseres Interesses. Der Vorsatz, Grund in den eigenen Glauben zu bekommen, schließt jetzt, wo Sie zu lesen beginnen, den Entschluss mit ein: Ich werde mir diese Zeit der Begegnung mit mir und Jesus schenken.

Über die Anregungen, die Sie empfangen haben, können Sie sich natürlich auch in Gruppen austauschen. Sie sollten nicht zu groß sein und, sagen wir, sechs bis acht Personen nicht überschreiten. Wichtig ist, dass Sie sich als gleich gesinnte und in gleicher Weise Suchende zusammenfinden. Ungünstig ist es, wenn in Gesprächsgruppen ein Klima der Glaubensprüfung entsteht. Mich fasziniert, dass Jesus seinen Zuhörern immer aufmerksam begegnet ist. Er teilte längst nicht immer ihre Meinung, manchmal geriet er sogar mit seinen Jüngern in Streit, aber er blieb den Jungs treu. Er stand zu ihnen, auch wenn sie quer dachten oder quer im Stall standen.

Durch das gemeinsame Lesen dieses Buches und durch die gemeinsame Bibellese ist jeder mit denselben Inhalten befasst. Je intensiver und ernsthafter ich dabei beteiligt bin, desto fruchtbarer sind die Gruppengespräche. Im Rundgespräch kann jeder berichten, was er seit der letzten Zusammenkunft erlebt hat. Durch diesen Austausch lernen wir einander besser kennen und teilen ein Stück weit unser Leben miteinander. In den Gruppen sprechen wir davon, welche biblischen Texte oder Gedanken uns persönlich betroffen haben. So finden wir zueinander und helfen uns gegenseitig. Durch den Austausch und das gemeinsame Gebet wird das Verhältnis eines jeden zu Jesus intensiviert. Für die innere Dynamik der Gruppe und ihre Zusammenkünfte ist es förderlich, dass jeder an allen verabredeten Zusammenkünften teilnimmt. Trefft diese Entscheidung!

Zum Gebrauch des Buches

Die einzelnen Kapitel dieses Buches bauen aufeinander auf, aber es ist nicht zwingend, sie alle der Reihe nach zu lesen. Es ist auch möglich, eine Auswahl der Themen zu treffen, die besonders ansprechen. Jedes einzelne Kapitel beginnt daher mit einer Skizze des nachfolgenden Anliegens und bietet eine in sich geschlossene Einheit. Ein biblisches Leitwort gibt darüber hinaus Einblick über die nachfolgend angesprochene Thematik, und jedes Kapitel schließt mit Anregungen zum Gespräch und persönlichen Nachdenken. Abschließende Thesen spitzen das Gelesene auf einige Gedanken zu und fordern heraus, die eigene Position zu bestimmen.

Durchgehend habe ich meine Gedanken mit biblischen Abschnitten verknüpft. Das Glaubensgespräch ist in meinen Augen Zwiesprache mit der Bibel. Dabei geht es mir nicht darum, Spannungen aufzulösen oder Konflikte einzuebnen. Der Leser wird sich seine eigenen Gedanken machen, und damit findet ein wichtiges Anliegen meines Buches zu seinem Ziel. Zur Gestaltung der Gruppengespräche ist noch anzumerken: Ich wollte bei meinen Ausführungen ehrlich sein – und ebenso sollten auch die Gruppengespräche praktisch und konkret gehalten sein. Über den Glauben an Gott, der unser Leben prägen und bestimmen soll und dem wir als Christen unser einmaliges Leben zum lebendigen Opfer bringen (Römer 12,1), lässt sich nicht gut theoretisch reden. Nur über Gott zu diskutieren, bringt uns ebenso wenig voran wie der Glaube an unsere Bilder von ihm.

Die Falle des Religiösen

Zur Zeit der ersten Christen war Religiosität der bestimmende Faktor der griechischen und jüdischen Weltanschauung. Religion spielt auch heute wieder eine bedeutende Rolle. Religiöses und Esoterik boomen. Aber die christlichen Kirchen profitieren kaum von diesem Trend. Eine Ursache dafür sehe ich darin, dass Religionen ihrem Wesen nach Gott nicht als Gott und Herrn verehren, sondern sich seiner bemächtigen wollen: »Sie tauschten den wahren Gott gegen ein Lügengespinst ein, sie haben die Geschöpfe geehrt und angebetet anstatt den Schöpfer«, lautet darum Paulus' Urteil (Römer 1,25). Mit dieser Feststellung stellt er sich gegen den damals wie heute populären Versuch, Gott durch das Denken fassen und im Denken beherrschen zu wollen. Und Paulus widerspricht dem kultisch-traditionellen Ansatz der Gottesverehrung, den wir ebenfalls kennen. Soll Gott unserem Denken und unseren Bedürfnissen unterworfen werden, widerspricht das dem christlichen Glaubensverständnis. Denn Religiöses zeichnet sich dadurch aus, dass wir Gott entsprechend unseren persönlichen Vorstellungen und Vorlieben Geltung verschaffen oder ihm die Achtung verweigern. Gott ist so, wie wir ihn uns denken, so, wie wir ihn glauben, so, wie es uns gefällt. Oder Gott ist auch gar nicht, wenn uns diese Vorstellung mehr zusagt.

Ich fühle, also bin ich?

Neben dem intellektuellen oder kultischen Ansatz religiöser Gottesversicherung gibt es in unserer Zeit noch einen dritten Weg. Wenn es in der philosophischen Aufklärung hieß: »Ich denke, also bin ich«[1], lautet nun das Motto: »Ich fühle, also bin ich.« Aber Gottes Wirklichkeit zu erfahren ist etwas anderes, als Gott erleben zu wollen. Gott erfahren heißt, ihn anerkennen und unser Leben annehmen. Aus dem Wunsch, Gott erleben zu wollen, wird dagegen schnell ein begehrliches Streben. So macht man Gott zum Götzen und Jesus zum Wundermann, der bitte alle unsere Bedürfnisse zur vollen Zufriedenheit erfüllen möchte: »Ihr sucht mich, weil ihr satt geworden seid« (Johannes 6,26), wies Jesus diese Begehrlichkeit zurück. Sie liegt uns ebenso nah wie den Menschen damals. Zur Erfahrung Jesu gehört darum, dass wir Gottes Freiheit anerkennen und ihn gerade deshalb anbeten. Wir sollen Gott nicht besit-

---

1 René Descartes, frz. Philosoph, 1596-1650

zen wollen, sondern freigeben, obgleich wir uns nichts mehr als seine Nähe wünschen. Darum betrachtet Paulus Anbetung und Lobpreis, liebende Hingabe und dankbaren Gehorsam als einzig angemessene Antwort auf Gottes Schöpfung.

Gott deckt uns auf. Er entblößt unsere Hohlheit. Lieder, gestern noch gesungen, sind uns heute leere Phrasen. Es passt nicht mehr. Nicht, weil es nie gestimmt hat – sondern weil wir uns verändern. Ewige Wahrheiten begrenzen sich auf den dreieinen Gott. Das meiste, was wir vom Glauben verstehen, ist Teil unserer Biografie. Das ist menschlich und darf es sein. Wir müssen uns nicht ständig rechtfertigen für jede Liedzeile, die wir singen, und jedes Buch, das uns gefällt. Wir müssen uns und anderen unsere Wahrheiten von gestern aber auch nicht als Weisheit von heute verkaufen.

Anregungen
zum persönlichen Gebrauch und Gruppengespräch

Was sind Ihre drei wichtigsten Fragen an Gott?

_____

_____

_____

Erstellt eure persönliche Prioritätenliste: Mir fehlt es in meinem Glauben an

- Überzeugung
- Freude
- Zuversicht
- ....
- ....

Während der Zeit, in der ich dieses Buch lese, plane ich in meinen Tagesablauf für das Gespräch mit Gott bewusst Zeit ein.

Uhrzeit:	von	bis
Montag		
Dienstag		
Mittwoch		
Donnerstag		
Freitag		
Samstag		
Sonntag		

Suchen Sie sich einen oder mehrere Gesprächspartner; klären Sie, ob Sie das Buch gemeinsam durcharbeiten wollen.

Mein/e Gesprächspartner/-in ist:

_____

Zu meiner Gesprächsgruppe gehören:

_____

_____

_____

_____

_____

_____

_____

Wenn Sie sich in einer großen Gesprächsgruppe (mehr als zehn Personen) treffen, empfiehlt es sich, diese für den Zeitraum der Buchlektüre zu halbieren. Nach der Hälfte der Kapitel könnten die Zuordnungen neu gemischt werden.

Ich glaube nicht, dass es verlorene Zeit und überflüssige Mühe ist, über Gott nachzudenken.

Was uns verbindet

Wird dieses Buch dazu beitragen, Ihren Glauben zu vertiefen? Das ist meine Absicht! Allerdings bin ich skeptisch, ob unser Glaube an Jesus in den nächsten Jahren und Jahrzehnten weiter so ungestört in seinem gewohnten Bett fließen kann. Meiner Überzeugung nach erwarten die Gemeinde Jesu Stromschnellen und Sturzbäche. Schauen wir uns einige dieser Herausforderungen an, und überlegen wir, ob sich unser Glaube diesen Themen stellt oder vielfach neben dem Flussbett der Zeit verläuft. Denn das wird nicht ausreichen, um die auf uns zukommenden Konflikte zu bestehen.

> Sorgt euch zuerst darum, dass ihr euch seiner Herrschaft unterstellt, und tut, was er verlangt, dann wird er euch schon mit all dem anderen versorgen.
>
> Matthäus 6,33

Niemand kann danebenstehen

Was alle Menschen auf der Welt miteinander verbindet, überwiegt das, was uns trennt. Essen und Trinken, Schutz vor Kälte und Hitze, Wind und Wetter sind menschliche Grundbedürfnisse. Wir benötigen zum Überleben Atemluft, Trinkwasser, Schlaf, Schutz und Obdach. Menschen zeichnet der Wunsch und die Fähigkeit zur Fortpflanzung aus; der Lebenswille treibt uns an, für die Durchsetzung unserer Interessen zu kämpfen. Wir kommen ins Leben und scheiden aus dem Leben. Niemand bleibt, aber die meisten Menschen wollen so lange bleiben wie irgend möglich. Wir sind auf gemeinsame Sprachen angewiesen und auf Verständigung. Völker bilden Staaten, brauchen politische Führung und verteidigen ihre Religionen.

All das, was uns eint, könnte uns zusammenführen. Es kann uns aber auch auseinanderbringen, wenn es an Einsicht für gemeinsames Handeln fehlt. Aber worauf wollen wir uns verständigen, und wie kann das gelingen angesichts der wenigen Zeit, die uns noch bleibt? Wagen wir eine knappe Übersicht erkennbarer Herausforderungen unserer Zeit, die sich bereits mächtig angekündigt haben. Sie gehen weit über den persönlichen und individuellen Bereich hinaus und sprengen in ihrer Tragweite auch den Horizont alttestamentlicher und neutestamentlicher Geschichte. Längst haben sich Entwicklungen und Entscheidungen angebahnt, die den Fortbestand der Menschheit infrage stellen. Die Katastrophe von Tschernobyl führte uns die verheerenden Folgen vor Augen, wenn wir die Kontrolle über die Technik verlieren. Der 11. September 2001 kam einem Erdbeben gleich, dessen Schockwellen seitdem den gesamten Globus durchlaufen. Die Finanzkrise im Herbst 2008 und die daraus resultierenden Gefahren einer weltweiten Rezession sind weitere Ereignisse, die die Nadel des Weltkompasses erzittern ließen. Und wir Christen mittendrin!

Herrschaft der Religionen

Gott macht Sinn, wenn wir erfahren können, wer er ist. Wir müssen deshalb fragen: Gibt es so etwas wie eine persönliche Gottesbeziehung, und wie weit trägt diese für Christen außerordentlich wichtige Überzeugung? Im Neuen Testament finden sich viele Argumente, die diesen Ansatz stützen, und auch im Alten Testament ist der Umgang Gottes mit einzelnen Menschen vielfach bezeugt. Grundlegend für den Glauben an den persönlichen Gott ist die biblische Überzeugung, nach der Gott die Geschichte und das Geschick aller Völker lenkt. Gott offenbart sich in Geschichte. Doch wirft dieser Basissatz christlicher Theologie nicht mehr Fragen auf, als dass er Antworten gibt? Zumal der Glaube an einen personalen Gott immer auch kriegerische Auseinandersetzungen mit sich brachte. Hat nicht jede Religion auf unserem Globus Spuren von Herrschaft und Unterdrückung hinterlassen? Wer den Sieg in einer Schlacht davontrug, hatte den »richtigen« Gott, denn er hatte sich dadurch bewiesen, dass die Feinde unterlegen waren und Herrschaftsgebiete erweitert werden konnten.

Demokratisierung und Säkularisierung haben die Vormachtstellung der Religion wirkungsvoll bezwungen. Kein Wunder also, wenn in sogenannten Gottesstaaten demokratische Grundsätze als Bedrohung aufgefasst werden, zum Beispiel: »Männer und Frauen sind gleichberechtigt. Der Staat fördert die tatsächliche Durchsetzung der Gleichberechtigung von Frauen und Männern und wirkt auf die Beseitigung bestehender Nachteile hin«, oder: »Niemand darf wegen seines Geschlechts, seiner Abstimmung, seiner Rasse, seiner Sprache, seiner Heimat oder Herkunft, seines Glaubens, seiner religiösen oder politischen Anschauung benachteiligt oder bevorzugt werden« (GG Art. 3,2).[2] Ist es nicht nachvollziehbar, wenn die überwältigende Mehrheit der Nichtgläubigen kritisch anfragt, ob der Glaube an Gott nicht vielleicht doch das friedliche Zusammenleben der Menschheit gefährdet?

Klimawandel und Kampf um Rohstoffe

Endliche Ressourcen von Öl und anderen Bodenschätzen zwingt die Menschheit zu teilen. Bisher hat das in der Weltgeschichte noch nie sehr gut geklappt, und uns bleibt nur noch wenig Zeit, es noch zu lernen. Der Klimawandel ist beispielsweise ein drängendes Problem, das, wenn überhaupt, nur gemeinsam gelöst werden kann. Leugnete die frühere US-Regierung unter Präsident Bush lange Zeit jeglichen Zusammenhang zwischen Klima-

---

2 Bekanntlich tun sich auch Christen mit der Gleichberechtigung von Mann und Frau im religiösen Bereich schwer.

wandel und von Menschen erzeugtem Schadstoffausstoß, erreichen die Küsten der USA heute gehäuft Hurrikane, verwüsten
Unwetter urbares Land und überschwemmen Sintfluten Städte.
Sollten in den vergangenen Jahren noch Kriege in fernen Ländern der westlichen Welt den Zugang zu Bodenschätzen und
Energieressourcen sichern, prognostizieren Friedensforscher für
die nächsten Jahrzehnte Völkerwanderungen in ebendiese Länder und kriegerische Auseinandersetzungen, um an Trinkwasser
zu gelangen. Weltweit breiten sich Wüsten aus, und ehemals
fruchtbares Land geht durch ansteigende Meeresspiegel für immer verloren.

Abschied vom Wohlstand

Auch wenn es unsere Politiker noch hartnäckig verschweigen:
Von unserem lieb gewordenen Wohlstand müssen wir uns verabschieden, unsere Kinder werden es weniger gut haben als wir.
Niemand vermag heute abzuschätzen, welche Folgen die weltweite Finanzkrise, die aus der US-Hypothekenkrise erwuchs, für
die Weltwirtschaft haben wird. Klar scheint schon jetzt zu sein,
dass zwanzig Jahre nach dem Niedergang des Kommunismus
auch der Kapitalismus, unter Führung der USA, am Ende ist.
Profitgier und die ständige Hatz nach steigender Dividende und
Gewinn für eine Minderheit haben dem System des freien, un-
kontrollierten Marktes das Genick gebrochen. Die mächtigsten
Türme der Weltbanken sind eingestürzt, und für unsinkbar ge-
haltene Flaggschiffe der Finanzwirtschaft sinken wie Papierschiff-
chen.

In Deutschland wie in anderen westlichen Staaten nimmt der
Anteil älterer und sozial bedürftiger Menschen stetig zu. Wenn
heute Senioren über stagnierende Pensionen und Renten klagen,
so werden sehr viele Männer und Frauen der heute 50-Jährigen
kaum oder gar nicht mehr von ihren Rücklagen und Renten le-

ben können. Tatsache ist die krasse Überalterung europäischer Staaten, und mit ihr naht der Kollaps unserer Kranken- und Sozialversicherungssysteme.[3] Das bedeutet nicht nur eine ständig zunehmende steuerliche Belastung für jüngere Arbeitnehmer, sondern damit verschieben sich auch politische Mehrheitsverhältnisse. Die Gefahr wächst, dass das gesamtstaatliche Interesse durch eine Vielzahl von Lobby- und Interessengruppen abgelöst wird. Geben große Bevölkerungsanteile solchen Parteien ihre Stimme, die ihnen größten Vorteil versprechen, bleibt sozialverträgliches Handeln auf der Strecke. Parteien kapitulieren ebenso vor der Gunst und Stimmung der Wähler wie Staaten gegenüber dem undurchschaubaren Treiben weltweit operierender Großkonzerne. All das bleibt nicht ohne Folgen auf unseren persönlichen Wohlstand.

Technologischer Vorsprung und Chancengleichheit

Unsere Chancen, im globalen Wirtschaftswettlauf mit aufstrebenden Ländern wie Indien und China mithalten zu können, sind gering. Die Konkurrenz fordert ständig weiterwachsende Qualität, höhere Produktivität und permanenten Erfindungsreichtum. Doch verfügt ein Großteil aller Heranwachsenden, namentlich von Migranten, in Europa nicht über die dazu erforderlichen Sprachkenntnisse und Ressourcen. Auch viele deutschstämmige Schüler werden die abverlangten Leistungen nicht erbringen können. Intellekt ist nicht beliebig generierbar! Denn es ist nicht nur eine Frage der Schulen und Weiterbildungsmöglichkeiten, ob der Wissens- und Forschungsvorsprung zu anderen Nationen gehalten werden kann. Dem stehen vielmehr grundsätzliche Begrenzungen entgegen. Jugendliche wissen längst, dass eine bessere Schulbildung nicht automatisch ein besseres Anstellungsverhältnis garantiert. Dieser Motivationsversuch verfehlt erkennbar

---

3   Frank Schirrmacher, Das Methusalem-Komplott, München 2004

all diejenigen, die ihre geringeren geistigen Fähigkeiten als genetisch bedingte Tatsache zu akzeptieren haben. Hinzu kommen Ungezählte, für die es aufgrund ihrer sozialen Herkunft oder ihrer familiären Verhältnisse keine realistischen Hoffnungen auf Verbesserung ihrer Lebenssituation gibt. Oft zeigen sie auch keine Einsicht zur Verhaltensänderung. Man kommt mit Blick auf die Ghettos unserer Großstädte kaum um die Einsicht herum, dass das ideologische Dogma der 70er-Jahre, die viel beschworene Chancengleichheit, ebenso ausgedient hat wie die Illusion einer funktionierenden multikulturellen Gesellschaft.

Demokratie auf dem Rückzug

Wenn Bildung erste Voraussetzung freier Wahlen ist, dann sind bildungsferne Schichten eine ernst zu nehmende Gefahr für die Demokratie. Weltweit lässt sich beobachten, welch brisanter Sprengstoff geringer Bildungsstatus, gemischt mit hohem Bevölkerungswachstum, sein kann. Nimmt dann auch noch die Religion Einfluss auf die Politik, wie in praktisch allen islamischen Staaten, ist das eine sehr gefährliche Mixtur. Es ist nachvollziehbar, dass auf diesem Hintergrund bei uns große Bevölkerungsteile das Wiedererstarken der Religionen mehr fürchten, als dass sie beispielsweise auf eine neue Werteorientierung hoffen würden. Demokratie verlangt Bildung und Jugend. Zieht sich beides auf breiter Front zurück, so stolpert das Mehrheitsprinzip. Gravierende wirtschaftliche und soziale Verwerfungslinien durchziehen den Globus, und mit ihnen steigt das Risiko weltweiter Instabilität.

Fast selbstverständlich wird vorausgesetzt, dass die in unserem Staat verfassungsmäßig garantierten Grundrechte jedem Bürger und heranwachsenden Jugendlichen hinreichend vertraut sind und, was noch schwerer wiegt, wertvoll und kostbar. Wie wenig dies der Fall ist, hat der Karikaturenstreit gezeigt. Willig hat sich die freie Presse ihrer Freiheit begeben. Opernaufführungen wurden aus Angst vor moslemischen Übergriffen und Gewalttaten vom Spielplan abgesetzt und als kritisch eingestufte Buchtitel nicht mehr nachgedruckt. Der bekannte Satiriker Bruno Jonas erklärte kürzlich, dass er sich (wie die allermeisten seiner Kollegen) aller Satire über Moslems enthalte. Grund: Nach der Ermordung des holländischen Publizisten Theo van Gogh fürchte er um sein Leben.

»Jeder hat das Recht, seine Meinung in Wort, Schrift und Bild frei zu äußern und zu verbreiten und sich aus allgemein zugänglichen Quellen ungehindert zu unterrichten. Die Pressefreiheit und die Freiheit der Berichterstattung durch Rundfunk und Film werden gewährleistet. Eine Zensur findet nicht statt« (GG Art. 5,1). Grundgesetz hin oder her: Trägt der islamische Fundamentalismus über die westliche Welt einen aus Angst geborenen Sieg davon? Welche freie Meinungsäußerung, wie sie unser Grundgesetz garantiert, wollen wir für unantastbar halten, wenn nicht genau die Freiheit, auch über jede Religion sagen zu dürfen, was wir meinen? Die politisch motivierte Forderung, auf die religiösen Gefühle von Muslimen Rücksicht zu nehmen, hat rasch Schule gemacht. So setzte die chinesische Regierung mit gleichem Argument das Komitee zur Verleihung des Friedensnobelpreises unter Druck, weil die Auszeichnung für Systemgegner die Gefühle des chinesischen Volkes verletzen würde.

Gott unter Anklage

Manchmal wollen wir Gott verteidigen, indem wir behaupten, dass Gott in der Bibel nicht eigentlich Unheil verursache, sondern nur zulasse; dass er keine Strafe vollziehe, sondern nur ermögliche; dass er selbst nicht töte und kein Blut vergieße, sondern sich dem nur nicht widersetze. Oft geben wir die Auskunft, dass Gott dem Menschen lediglich seine Freiheit lasse und darum nicht für Unfälle und das Böse in der Welt verantwortlich sei. Die Argumente sind nicht völlig unzutreffend, aber im Kern gehen sie an der Sache vorbei. Denn nach Aussage der Bibel bewirkt Gott zweifellos Unglück unter den Menschen (Amos 3,6), lenkt er die (blutigen) Geschicke der Völker (Jeremia 9,24f; 11,16f), befiehlt er die Tötung von Menschen (5. Mose 21,18-21) und verantwortet er Naturkatastrophen (Joel 2,1-2). Wenn Gott Geschichte lenkt, kann man ihm schlecht nur die schönen Seiten des Lebens zuschreiben und nicht auch die bösen und unerklärlichen.

Ein simples Beispiel mag die oftmals unbedachten Konsequenzen einfacher Glaubensüberzeugung verdeutlichen. Für einen Gemeindeausflug, der nicht ins Wasser fallen soll, bittet die Gemeinde Gott um gutes Wetter. Vorausgesetzt wird dabei, dass Gott das Wetter macht. Wenn das zutrifft: Erfordert das nicht ebenfalls anzunehmen, dass Gott den lang ersehnten Regen in den Dürregebieten unserer Welt verweigert? Ist Gott so, dass er uns sonnige Ferien und Sommerspiele schenkt und andernorts Säuglinge an der Mutterbrust verdursten lässt? Wer will das im Kindergottesdienst erzählen? Lehren wir unsere Kinder doch, dass Jesus ihr bester Freund sei und der Vater im Himmel beständig auf sie achtgibt. Aber kann es andererseits unethisch sein, sich über erbetenes Sonnenausflugswetter zu freuen? Wir folgen lediglich einem Wunschbild, wenn wir die biblischen Realitäten selektieren. Dann glauben wir an einen gemachten Gott!

Gottes Reich für alle Menschen

Weshalb diese Grobskizze zur politischen und gesellschaftlichen Lage? Weil der christliche Glaube, wie ihn Jesus lehrte, nicht das Glück des Einzelnen im Auge hatte, sondern das Gottesreich für alle Menschen. Sah er dessen Kommen auch nicht unmittelbar vom menschlichen Handeln abhängig, so versagte er sich doch ebenso klar seiner Vereinnahmung durch die Interessen- oder Bedürfnislage Einzelner. Die christliche Gemeinde, wie sie sich heute in weiten Teilen darstellt, hat ein Glaubwürdigkeitsdefizit. Sie ist den Herausforderungen der Gegenwart nicht gewachsen, ganz zu schweigen von den zukünftigen. Wattebauschgefühle, Sonnenaufgangsromantik und Kindergottesdiensttheologie werden dem nicht standhalten.

Anregungen
zum persönlichen Gebrauch und Gruppengespräch

Welche Entwicklung globalen Ausmaßes beschäftigt Sie am stärksten?

- Klimawandel und Kampf um Rohstoffe
- Abschied vom Wohlstand
- technologischer Vorsprung und Chancengleichheit
- Demokratie auf dem Rückzug
- Meinungs- und Religionsfreiheit

Welche weiteren, den persönlichen Horizont übergreifenden Herausforderungen sind Ihnen wichtig?

- Gentechnik und Sterbehilfe
- Überfischung der Meere
- Agrarpolitik und Lebensmittelindustrie
- Suchterkrankungen
- Drogenproblematik und organisierte Kriminalität
- ....

Googelt im Internet nach den genannten Themen, die euch beschäftigen, und stellt euch gegenseitig interessante (Zeitungs-)Artikel zur Verfügung!

Nennt ein Bibelwort, das euch persönlich ermutigt. Stellt es reihum eurer Gruppe vor und erklärt, was euch dieses Bibelwort persönlich bedeutet.

Anregung: Betet für Regierungen und Verantwortliche in Politik und Wirtschaft!

Ich glaube nicht, dass sich Christen aus politischen und gesellschaftlichen Entscheidungen heraushalten sollten.

Ich glaube nicht, dass der Glaube an Gott keine Fragen aufwirft.

Wenn Gott (nicht) ist

Ist Gott von uns gemacht und erdacht, können wir ihn gleich einpacken. Manchmal ist uns danach zumute. Zu viel, das dem Glauben an Gott aus eigener Biografie oder Anschauung der Welt entgegensteht. Aber andererseits: zu viel Gutes auch, um Gott fallen zu lassen. Wie will ich mich entscheiden? Habe ich mich schon entschieden, oder will ich mir das nochmals anschauen?

> Unser Herr ist groß und von großer Kraft, und unbegreiflich ist, wie er regiert.
>
> Psalm 147,5

Anwälte Gottes

Welche Rolle spielt Gott für diese Welt? Beschränkt er sich allein aufs Seelenglück des Einzelnen? Wie will ich zum Glauben an einen Gott einladen, den ich selbst nicht verstehe? Wer ist Gott, und welcher Gott ist der richtige? Zugegeben, diese Fragen sind etwas provokant. Ich will darum kurz darstellen, auf welche Weise ich versuche im Glauben zu wachsen und mich tiefer in Christus zu verwurzeln.

Schon als junger Mensch mochte ich es nicht, Leuten nach dem Mund zu reden. Besonders solchen, denen ich abspürte, dass sie aus eigener Unsicherheit von anderen Christen Linientreue erwarteten. Unvergessen bleibt mir die negative Erinnerung an einen erwachsenen Leiter unserer Gruppe von Jugendlichen und jungen Erwachsenen. Immer wenn die Fragen kritischer wurden und die gegebenen Antworten nicht genügten, konterte er mit der Frage, die jeden weiteren Einspruch untersagte: Stimmt es, was da steht (gemeint war die Bibel), oder stimmt es nicht? Bekanntlich hatte auch Jesus mit den Pharisäern, die ebenfalls die

Rhetorik der geschlossenen Fragestellung bevorzugten, seine ungeliebte Mühe. Mir ging es da ganz ähnlich, nur vermochte ich mich dieser ungebetenen Gesinnungsprüfung gegenüber nicht so souverän zu verhalten, wie Jesus es tat. Ich wollte meine Fragen beantwortet haben – und ich wollte keinesfalls werden wie jener Mann.

Biografie und Theologie

Seitdem hat sich viel geändert. Heute begegne ich hier und da noch Christen vom Schlage der Pharisäer, die ihr Denken als ultimativ betrachten und ihre Art, zu glauben und zu denken, absolut setzen. Andererseits weiß ich heute auch, wie sehr kritische Anfragen und Fundamentalopposition bedrängen können, wenn man in der Verantwortung für viele steht. Es macht einen Unterschied, welche »Rolle« ich ausübe. Vermutlich wollte er, das gestehe ich meinem damaligen Jugendleiter zu, die Gruppe vor zersetzendem Gedankengut schützen. Aber sicher nicht nur. Ich hatte immer den Eindruck, dass er aufgrund seiner autoritären Persönlichkeit keinen Widerspruch dulden konnte. Sicher, das war seiner Mentalität geschuldet, aber auch die nährt sich ja nicht nur aus Prägung, sondern mehr noch aus uneingestandenen Ängsten. Fürchtete er sich vor einem Jungen, der einzelne seiner Glaubensüberzeugungen infrage stellte? Ich sehe es heute so. Denn in derselben Gruppe gab es einen anderen Leiter, der mit meinen Zweifeln anders umging. Im Glauben fest, in seinem geistlichen Leben authentisch und mir durchaus ein Vorbild, saß ich öfter (freiwillig!) bei ihm auf dem Sofa oder mit am Essenstisch. Befriedigten mich seine Antworten mehr? Nicht unbedingt. Aber er war mir zugewandt, zeigte aufrichtiges Interesse an mir, und ich empfand in seiner Gegenwart viel Menschlichkeit. Kein Zweifel, er liebte Jesus, mochte die Menschen wie sein Auto und seinen Beruf und sprach normal.

Biografie prägt unsere persönliche Theologie. Spätestens nach diesen Jahren wusste ich, was ich wollte, oder jedenfalls, wie ich nicht werden wollte.

Unbewusster Feind

Später tauchte dann in meiner Seele ein anderer, mir bis dahin unbewusst gebliebener Feind des Glaubens auf. Unbemerkt hatte er sich dort eingenistet, und bis heute weiß ich nicht, wie er das fertigbrachte. Dieses Virus hatte mich glauben gemacht, dass Gott ein Diktator sei und sein größter Spaß, Menschen zu traktieren. Vorzugsweise solche, die ihn zu verstehen, ja sogar zu lieben versuchten. In meinem Herzen führte in jenen Jahren das Misstrauen gegen Gott Regie. Der Film, den es mir vorspielte, war derselbe, von dem Udo Lindenberg singt: »Gott hat den Himmel abgeschlossen, ist ganz weit weg und kümmert sich einen Dreck.«[4]

Misstrauen ist wohl die häufigste Ursache, wenn sich jemand von Gott trennt. Jeder von uns hat bestimmte Negativerfahrungen gemacht, und oft versenken wir sie ins Unterbewusstsein. Manchmal wissen wir um schmerzliche Erlebnisse, die unser Leben sehr geprägt haben. Manchmal wissen wir aber auch nichts darüber. Soweit ich sehe, sind es zwei Wege, auf denen sich dieses Virus in unseren Adern verbreitet und unser Herz zerfrisst. Der erste Weg gleicht einem aufgesprengten Minenfeld. Unwegsames, zerstörtes Gelände. Aufgerissene Krater, durchfurchte Erde. So große Einschlaglöcher, dass wir unversehens darin verschwinden können. Manche von uns haben solche Einschläge erlebt, als seien Meteoriten vom Himmel auf sie herabgestürzt. Das Unglück, die empfundene Strafe, die Ungerechtigkeit, die Schuld stürzten wie

---

4 Udo Lindenberg, »Wozu sind Kriege da?« Auf seinem jüngsten Erfolgs-album »Stark wie zwei« ist er immer noch am selben Thema, aber nach-denklicher: »Interview mit Gott«.

aus heiterem Himmel auf uns ein. Es hat uns zwar nicht getötet, aber unser Weg ist doch von diesen Kratern gezeichnet. Es müssen nicht sehr viele sein. Manchmal genügt ein gewaltiger Einschlag, um sein Leben fortan nahe der Grasnarbe zu führen.

Ich will zur Erklärung ein technisches Bild verwenden: Unsere Seele hat, gleich einem Rechner, der über das Internet mit der Außenwelt verbunden ist, Cookies abgelegt. Wie bei einem Computer macht das durchaus Sinn, weil es unserer Seele vergleichbar schnellen Zugriff auf abgelegte Erinnerungsdaten ermöglicht. Das ist ein wirksamer Schutzmechanismus. Schneller, als wir denken können, meldet unser Unterbewusstsein, wo Gefahr im Verzug ist, oder es gibt grünes Licht. Das Problem: Wie diese Erinnerungsmarken nicht auf dem Display deines Rechners angezeigt werden, wissen wir nicht, wo sie in unserem Herzen abgespeichert sind.

Darum sind Cookies der Seele immer auch für (unliebsame) Überraschungen gut. Wenn alles gut läuft und an seinem Platz, warnen sie uns vor echten Gefahren und erlauben uns raschen, schlafwandlerisch sicheren Zugriff und angemessene, sinnvolle Reaktionsweisen. Doch wenn sich unsere Cookies mächtigen Einschlägen in unserem Leben verdanken oder negativen, lange andauernden Prägungen, sind sie scharf und gefährlich wie eine Bombe. Wehe, sie werden in kritischen Momenten aktiviert! Wenn etwas Überforderndes geschieht, das uns bedrohlich erscheint, wird die Verknüpfung in unserer Seele unmittelbar hergestellt. Das ist der Grund, weshalb wir zu unserem eigenen Staunen manchmal so merkwürdig unkontrolliert und heftig reagieren. Weil wir nie im Voraus wissen, wann ein gefährlicher Cookie zündet, kracht es so oft in unserer Umgebung. Die Folgen spüren wir und unsere Mitmenschen unmittelbar. Was kann man dagegen tun? Die schlechte Nachricht zuerst: Cookies unserer Seele sind nicht zu löschen! Darum hilft alle Seelenanalyse nicht, um damit klarzukommen. Aber identifizierte und lokalisierte Cookies können abgesichert werden. Das ist die gute Nachricht.

Eine vertrauensvolle Gottesbeziehung entschärft den Zünder explosiver Erinnerungscodes.

Unsere wundervolle Welt

Was wäre eigentlich anders, wenn es keinen Gott gäbe? Ich jedenfalls kann mir keine schönere Welt vorstellen als die, die uns umgibt. Wenn ich mir die Natur und ihre Wunder betrachte, bin ich immer wieder zutiefst davon fasziniert – egal, wohin ich schaue, ob in die Tier- oder Pflanzenwelt, ins All oder auf den menschlichen Körper. Alles, was ich in der Natur, auf der Erde, im Makro- und Mikrokosmos sehen und erfassen kann, ist genial und staunenswert. Ich kann mir keine schönere, vollkommenere Welt vorstellen als die, die ich jeden Tag mit meinen Sinnen wahrnehmen darf. Wäre Gott nicht, so bin ich überzeugt, wäre auch diese wunderbare, fantastische Schöpfung nicht. Es ist mir einfach unmöglich, die Schöpfung dem Zufall zuzuschreiben statt einem schöpferischen Willen.

Das ist sicherlich keine wissenschaftliche Aussage – aber so verstehe ich sie auch nicht. Jede wissenschaftliche Aussage, die von der Nichtexistenz einer leitenden Vernunft bei der Entstehung der Welt ausgeht, ist allerdings ebenso wenig zu beweisen wie meine Annahme. Ich empfinde es als natürlich, die Entstehung der Welt eher einem Subjekt zuzuschreiben als dem Prinzip Zufall. Weil beides nicht bewiesen oder experimentell nachvollzogen werden kann, weckt die Überzeugung von der Schöpfung durch Gott in mir ein Staunen und ein Gefühl der Dankbarkeit. Wäre Gott nicht, so wäre die Welt nicht. Allerdings halte ich die Wissenschaft für gehörig überfrachtet, wenn man meint, die Existenz Gottes, des Schöpfers der Himmel und der Erde, aus dem Geschaffenen logisch erschließen zu können. Das macht der Verstand nicht mit, und der Glaube an Gott fordert es nicht (Hebräer 11,3). Also: Was wäre anders, wenn Gott nicht wäre?

Meine ersten Gedanken dazu lassen mich sagen, dass ich mir keine schönere und geheimnisvollere Welt als die unsere denken kann – und dass sie nicht wäre, gäbe es Gott nicht.

Unsere grauenvolle Welt

Andererseits zwingen mich aber mein Auge und mein Denken dazu, auf dieselbe Frage eine gänzlich entgegengesetzte Antwort zu geben. Denn ich kann mir ebenfalls keine grausamere und furchtbarere Welt vorstellen als die, in der wir leben. Und wäre Gott nicht, so könnte diese Welt kaum schlechter und böser sein. Über die Tierwelt und ihr Gesetz des Stärkeren mag man als Mensch nicht richten, gehen wir doch davon aus, dass Tiere lediglich instinktiv handeln. Doch wie ist es mit uns? Wir sind vernunftbegabt und verfügen über ein ethisches Entscheidungsvermögen. Wir haben ein Gewissen und sind fähig, uns sozial und rücksichtsvoll zu verhalten. Wir vermögen Schwächere zu schützen und zu pflegen, was unter evolutionistischer Sichtweise nicht dem Erhalt der eigenen Art dient.[5] Fressen und Gefressenwerden machen in der Tierwelt durchaus Sinn, und der Kampf der Arten ums Überleben bietet ein nachvollziehbares Argument für diese Tatsache an. Was uns betrifft, so verhalten sich Menschen nicht nur unlogisch, sondern so grausam, wie kein Tier es tut. Menschen töten andere ihrer Art nicht nur, um zu überleben – zumindest ist das die große Ausnahme. Wir vernichten andere Menschen, erobern Staaten und bekriegen Völker allermeist aus dem Willen zur Macht und um zu herrschen. Dasselbe Motiv liegt auch unserer Ausbeutung der Natur zugrunde. Oder sind es Besitzwille, Habgier, blinde Zerstörungswut?

Schweden ist ein mit großen und kleinen Findlingen übersätes Land. Vielerorts umfrieden säuberlich aufgestapelte Steinmau-

---

5 Allerdings kann man soziales Verhalten auch als erfolgreiche Anpassungsstrategie des Menschen begreifen.

ern die Felder. Sie wurden von bettelarmen Bauern in Leibeigenschaft von den Feldern gesammelt, um den Boden beackern zu können. So entbehrungsreich und gnadenlos der Überlebenskampf dieser Bauern war, so ungefährdet war in jener Zeit die Natur als Lebensgrundlage. Wenn sich dagegen heute gefräßige Maschinen durch den tropischen Regenwald fressen, hochgerüstete Fischfangflotten ungehemmt den Fischbestand unserer Meere ausbeuten, Vieh kreuz und quer durch die ganze Welt gekarrt wird, um niedrige Preise für den (europäischen) Konsumenten zu gewährleisten, dann befinden wir uns unzweifelhaft auf dem Weg langfristiger Selbstzerstörung. Statt unser Überleben zu sichern, stehlen wir zukünftigen Generationen ihre Lebensgrundlage, statt intelligent handeln wir unvernünftig, statt weitsichtig gierig auf den kurzzeitigen Gewinn fixiert.

Was wäre anders, wenn Gott nicht wäre? Mit Blick auf die seit Jahrtausenden andauernden unfassbaren Gräueltaten an Mensch und Tier und eingedenk der Vernichtung unserer natürlichen Lebensgrundlagen kann ich mir keine grausamere Welt als die unsere vorstellen.

Nichts Neues unter der Sonne

Von unsäglichem Leid durch Naturkatastrophen, von ungehemmter Brutalität, entsetzlichem Hunger, machthungrigen Herrschern, Kriegen und grausamster Folter berichtet die Bibel ungeschönt. Was hat das alles mit Gott zu tun? Unbegreiflich, wenn wir lesen, dass viele dieser Untaten auf Befehl Gottes geschehen sein sollen.[6] Blankes Entsetzen, wenn auch heute noch Religion und religiöser Fanatismus unsägliches Leid im Kleinen wie im Großen hervorbringen. Da mag man sich schämen, ein glaubender Mensch zu sein. Keine Weltreligion, in deren Namen

---

6   Markus Iff, Gewalt und Unheil – dunkle Seiten in Gott?, in: Theologische Impulse, Band 13 , S. 7ff

nicht Menschen verfolgt, gequält, benachteiligt oder gefoltert wurden. Und es gibt wohl auch keine Religion, in deren Geschichte die Benachteiligung und Unterdrückung der Frau nicht gefordert, propagiert oder praktiziert wurde und wird. Auch in dieser Hinsicht bleibt festzustellen, dass diese Welt nicht schlechter sein könnte, gäbe es keinen (liebenden) Gott.

Was wäre also anders, wenn Gott nicht wäre? Es gäbe diese herrliche Welt nicht, und es gäbe keine furchterregendere Welt als die unsere. Das ist durchaus vieldeutig.

Anregungen
zum persönlichen Gebrauch und Gruppengespräch

Berichtet einander, wie euer Weg zum Glauben aussah, wo er ins Stocken geriet, wo euch Gott fremd wurde, wo er euch nahekam.

Ein guter Freund gab mir einmal einen Text von Teresa von Avila (1515-1582), der mich sehr getröstet hat:

> *Christus, die große Sonne,*
> *erlischt keinem für immer,*
> *den sein Strahl einmal durchleuchtet.*
> *Er ist vergraben im umwölktesten Herzen,*
> *und es kann stündlich geschehen,*
> *dass er aufersteht.*

Wann wird Religion gefährlich? Wie verhalten wir uns zu der Tatsache, dass die monotheistischen Religionen ihren Glauben an den einen Gott immer mit Gewalt durchzusetzen versuchten?

Hört euch gemeinsam Lieder säkularer Künstler an, die die Gottesfrage thematisieren.

Wie wirken Ihr Glaube und was Sie darüber äußern, auf andere Menschen? Möchten Sie dazu ein ehrliches Feedback aus der Gruppe hören? Dann bitten Sie darum.

Was wäre in Ihrem Leben konkret anders, wenn es keinen Gott gäbe?

Ich glaube nicht an den Segen konkurrierender Religionen für die Menschheit und die moralische Überlegenheit des christlichen Abendlandes gegenüber anderen Kulturen.

Ich glaube nicht, dass die wissenschaftliche Erkenntnis von Christen oder Nichtchristen mit letztgültiger, objektiver Wahrheit gleichzusetzen ist.

Das Verhängnis des Bösen

Es ist spannend und sicherlich auch hilfreich, die Antwort der Bibel[7] auf das Dilemma des Bösen zu hören. Die Bibel stellt sich dem Bösen in der Welt mit einer grundlegenden Feststellung, die eigentlich eher eine Deutung ist. Der Kern dieser Deutung wird in Römer 5,12 zusammengefasst: Die Sünde ist in die Welt gekommen! Das wussten wir schon aufgrund unserer Erfahrung, wollen wir da erwidern und mehr Erklärungen fordern.

> **Eure Sünden halten das Gute von euch fern.**
>
> Jeremia 5,25

Der gute und der böse Gott

In der christlichen Tradition finden sich Erklärungen für das Böse, wie etwa bei den Marcioniten des 2. nachchristlichen Jahrhunderts. Sie teilten die Welt ein in den Herrschaftsbereich eines bösen Gottes ohne jede Güte und in den Machtbereich des guten Gottes voller Güte, wie ihn uns das Neue Testament in der Person des Jesus Christus schildert. Im Alten Testament haben wir es demnach mit dem bösen, tyrannischen Gott zu tun, und im zweiten (von Marcion an mancher Stelle »berichtigten«) Testament mit einem anderen, guten Vater. So bewertet, kann der erste Teil der Bibel von Christen getrost zur Seite gelegt werden, weil nur noch der zweite Teil zählt. Diese Meinung ist eine bis heute beliebte Auskunft. Allerdings wurde der Gedanke der Marcioniten und ihres Gründers als Ketzerei verurteilt. Diese Tatsache vermag uns

---

7   Insbesondere dem christlichen Glauben fällt es schwerer, eine Antwort auf das Böse in der Welt zu geben, als Religionen, die an keinen personalen Gott glauben. Ein Grund, weshalb der Buddhismus für viele Europäer annehmbarer anmutet als der Glaube an den Gott der Bibel bzw. der Christen.

freilich nicht unbedingt zu überzeugen. Schließlich gibt es auch andere Festlegungen der christlichen Tradition und Lehrbildung, die wir, Konzilien hin und Edikte her, nicht annehmen möchten.

Wie also steht es um die Idee von einem guten und einem bösen Gott? Was sagt die Bibel dazu, und was hat uns der Tod zu sagen? Was bedeutet für uns das Paradies, und wie lebt es sich vor seinen Toren?

Was Sünde ist

Der bekannteste Abschnitt der Bibel hierzu findet sich im Alten Testament, gleich auf den ersten Seiten, im 3. Kapitel des 1. Buches Mose. Die Frage vieler Zeitgenossen, ob man ihn als einen historischen Bericht betrachtet oder als prophetische Rede begreift, ist für das Verständnis zweitrangig. Gleich, welcher Religion man angehört, ob man sich als einen areligiösen Menschen betrachtet oder Jude ist, Christ oder Nichtchrist – die Existenz des Bösen ist nicht zu leugnen. Was wird hier also darüber gesagt?

1. Mose 3,8-24

> *8 Am Abend, als es kühler wurde, hörten sie, wie Gott, der Herr, durch den Garten ging. Da versteckten sich der Mensch und seine Frau vor Gott zwischen den Bäumen. 9 Aber Gott rief nach dem Menschen: »Wo bist du?« 10 Der antwortete: »Ich hörte dich kommen und bekam Angst, weil ich nackt bin. Da habe ich mich versteckt!« 11 »Wer hat dir gesagt, dass du nackt bist?«, fragte Gott. »Hast du etwa von den verbotenen Früchten gegessen?« 12 Der Mensch erwiderte: »Die Frau, die du mir an die Seite gestellt hast, gab mir davon; da habe ich gegessen.« 13 Gott, der Herr, sagte zur Frau: »Was hast du da getan?« Sie antwortete: »Die Schlange ist schuld, sie hat mich zum Essen verführt!« 14 Da sagte Gott, der Herr, zu der Schlange: »Verflucht sollst du sein wegen dieser Tat! Auf dem Bauch wirst du kriechen und*

Staub fressen dein Leben lang – du allein von allen Tieren. 15 Und Feindschaft soll herrschen zwischen dir und der Frau, zwischen deinen Nachkommen und den ihren. Sie werden euch den Kopf zertreten, und ihr werdet sie in die Ferse beißen.«

Ist uns schon einmal aufgefallen, wie oft Gott in der Bibel als vor-übergehender Gott beschrieben wird? Diese Beobachtung finde ich sehr aufregend, denn unsere Erwartung an Gott ist das genaue Gegenteil davon. Wir wünschen uns, dass Gott bleibt. Wir wollen ihn in unserer Nähe wissen, als guten Vater an unserer Seite, als mächtigen Christus in unserer Mitte und lebendig machenden Geist bei all unserem Tun. Ein ums andere Mal suchen wir Wege, Gott unmittelbar, authentisch und kraftvoll zu erfahren. Dabei drängt sich, aller gegenteiligen Rhetorik zum Trotz, der Eindruck auf, es gehe darum, Gottes habhaft zu werden. Entsprechend ausgeprägt ist die Sehnsucht nach den Wirkungen des Heiligen Geistes. Schier unüberschaubar ist das Angebot von Seminaren, Einkehrzeiten und Vorträgen, um das persönliche geistliche Leben neu zu entdecken oder zu bereichern. Trotzdem macht sich zunehmend Enttäuschung breit. Denn die Erfahrung zeigt, dass Gott nicht auf unserem Weg eigener Bemühung bleibt. Wir erfahren Gott nach wie vor als Vorübergehenden.

Der Terroranschlag vom 11. September 2001 hat viele Illusionen zerstört, die Utopie einer schönen, sorgenfreien Welt zerschlagen. Auch gepflegte Auffassungen von einem unbekümmerten Glaubensleben unter den schützenden Händen des Allmächtigen wurden zweifelhaft. Die Verlockung der Schlange an den Menschen war es, von Gott unabhängig zu werden. Diese Sünde wiederholt sich, wo immer wir meinen, diese Welt hinter uns lassen zu können. Doch zum Paradies gibt es kein Zurück, sondern nur ein Vorwärts. Vorwärts, durch alles hindurch, was noch vor uns liegen mag. Christen glauben an die Trennung und den Graben, den die Sünde zwischen Gott und Mensch aufgetan hat. Dazu gehört, dass wir unser Losgelöstsein von Gott spüren.

Christsein bedeutet, in der konkreten Menschheitsgeschichte zu Hause zu sein, so wie Jesus in unsere Wirklichkeit hinein Mensch wurde. Unsere Erlösung durch Christus ist keine Erlösung vom Menschsein. Bestenfalls befähigt sie uns zu unserer eigenen Menschwerdung. Es ist der Mut, unser Ausgeliefertsein anzunehmen und darin auf Gott zu vertrauen. Das ist schwierig, wenn das Leben mit Unrecht und Schmerzen aufwartet. Darauf sind wir nicht eingestellt. Der christliche Trend ist dem gängigen angepasst: Auch wir erwarten vom Leben Glück und Wohlergehen. Doch Gottes Kinder sein bedeutet ebendies: Kind sein! Und wann ist der Mensch schutzbedürftiger, hilfloser und leichter einzuschüchtern als im Kindesalter?

Aussichtsloser Kampf

16 Zur Frau aber sagte Gott: »Ich verhänge über dich, dass du Mühsal und Beschwerden hast, jedes Mal wenn du schwanger bist; und unter Schmerzen bringst du Kinder zur Welt. Es wird dich zu deinem Mann hinziehen, aber er wird über dich herrschen.« 17 Und zum Mann sagte Gott: »Weil du auf deine Frau gehört und mein Verbot übertreten hast, gilt von nun an: Deinetwegen ist der Acker verflucht. Mit Mühsal wirst du dich davon ernähren, dein Leben lang. 18 Dornen und Disteln werden dort wachsen, und du wirst die Pflanzen des Feldes essen. 19 Viel Schweiß musst du vergießen, um dein tägliches Brot zu bekommen, bis du zurückkehrst zur Erde, von der du genommen bist. Ja, Staub bist du, und zu Staub musst du wieder werden!«

Das ist der Fluch: dass unser Kampf zu keinem Sieg geführt werden kann! Dies lehren uns alle Kriege, alle Konflikte, und dafür muss man kein Friedensforscher sein. Dazu müssen wir nur in und um uns schauen. Dann erkennen wir: Der Kampf des Menschen gegen den Menschen ist ein Kampf gegen uns selbst. Überraschend verdeutlicht bereits das Wunder der Geburt den

Fluch unserer Zerrissenheit. Da ist nichts mehr heil, sondern alles versehrt. Dem Glück und Hochgefühl der Vereinigung von Mann und Frau zur Zeugung eines Kindes folgt der Schmerz, gekrümmt unter Wehen, ein Stöhnen und Schreien ganz anderer Art. Die Zerrissenheit umfängt uns von Anbeginn, von der Geburt bis zum Tod, bedeutet die biblische Erzählung. Dazu gehört, was uns zueinanderzieht und auch wieder voneinander trennt. Denn die Frau leidet, während der Mann diesen Schmerz nicht kennenlernt. Aber auch er ist keineswegs ein Unversehrter. Im traditionellen Horizont der damaligen Verhältnisse trifft es ihn im Lebensnerv seiner Arbeit, seines Wirkens und Sorgens. Arbeit, die sinnerfüllend Glück bedeutet, wird nun gleichzeitig zur Last und Plage. Auch hier besteht die Zerrissenheit im Vermischten. Der Missklang unseres Wirkens besteht in der Unverhältnismäßigkeit zwischen dem, was wir einbringen, und dem, was wir ernten. Oft steht der Aufwand in keinem Verhältnis zum Ertrag. Auch diese Wahrheit reicht hinein in die Gemeinde Jesu. Wir müssen uns ihr stellen, wenn wir bei der Wahrheit bleiben wollen!

Das ist es also, woran wir leiden: die Zwei- und Vieldeutigkeit unseres Lebens. Dass es nie zum Ende kommt, zu einem klaren Gut und Richtig oder Falsch und Schlecht, Schwarz oder Weiß. Kann wirklich je ein Mensch geglaubt haben, dass es im Krieg so etwas gibt wie Gerechtigkeit, die Schuldige bestraft und die Unschuldigen verschont? In Peking wurden während der Olympischen Sommerspiele 2008 zwei alte Damen verhaftet und mit zwei Jahren Haft in einem Umerziehungslager bedroht. Sie hatten von ihrem Recht auf freie Meinungsäußerung Gebrauch gemacht, das ihnen die Regierung zugestand. Das Organisationskomitee der Olympischen Spiele brachte es mit Rücksichtnahme auf die gastgebende Nation nicht fertig, diesen Wortbruch zu tadeln. In Guantanamo errichteten die Amerikaner ein Umerziehungslager, dessen Unrechtmäßigkeit der Präsident der Vereinigten Staaten George W. Bush nicht einzusehen vermochte, obgleich die dortigen Folterungen unbestritten sind und vielfach angeprangert wurden.[8]

Daneben unsere größte Demütigung: Von Erde genommen, zerfallen wir zu Staub. Das bleibt von uns übrig. Wer Gott gleich sein will, zerfällt zu Asche. Doch das Strafwort vom Tod steht nicht allein. Im Vordergrund steht vielmehr, dass sich unser Sterben und Vergehen immer schon hier und jetzt andeuten. Dass uns der Tod Tag und Nacht auf den Fersen ist und sich niemals und durch nichts abschütteln lässt. Wir können ihn verdrängen, entgehen können wir ihm nicht.

20 Der Mensch nannte seine Frau Eva, denn sie sollte die Mutter aller Menschen werden. 21 Und Gott, der Herr, machte für den Menschen und seine Frau Kleider aus Fellen. 22 Dann sagte Gott: »Nun ist der Mensch wie einer von uns geworden, und alles Wissen steht ihm offen. Es darf nicht sein, dass er auch noch vom Baum des Lebens isst. Sonst wird er ewig leben!« 23 Und er schickte den Menschen aus dem Garten Eden weg, damit er den Ackerboden bearbeite, aus dem er gemacht war.

Kleider für Adam und Eva

Das ist die große Spannung, in der wir leben: dass uns unser »Erdesein« neben der Demütigung gleichzeitig zur Erlösung wird. Denn unser Tod bedeutet auch Befreiung aus unserem quälenden Unvermögen. Darin begegnet uns Gottes Barmherzigkeit. Sterben können und sterben dürfen ist, wie es mir manch alter Mensch oder unheilbar Kranker sagte, Gnade. Im Tod begegnet ihnen Gottes Barmherzigkeit. Die wir nach Unsterblichkeit lech-

---

8 Al Gore, Angriff auf die Vernunft, München 2007: »Und keiner der hohen Funktionsträger im Pentagon oder im Weißen Haus, die für diesen schrecklichen und vorsätz-lichen Verrat an amerikanischen Werten verantwortlich sind, ist bis jetzt zur Rechen-schaft gezogen worden« (S. 210). Es bleibt abzuwarten, ob der vom neuen Präsidentenverfügten Schließung des Lagers auch Strafverfahren gegen die Verantwortlichen folgen werden.

zen, wie es die Versuchung der Schlange erkennen lässt, erfahren, dass Gottes Gericht uns vor etwas bewahrt, das zu tragen uns unerträglich wäre: auf unbestimmte Dauer verlängertes Leben! Das Ende unseres Lebens ist auch das Ende unseres Scheiterns.

Unser Unvermögen ist jedoch nicht immerzu und alle Tage gleichermaßen sichtbar. Wir können auch lieben, können uns freuen. Auch vor den Toren des Paradieses gibt es Glück! So wird uns Gott zum Erhalter. Wunderbar: Gott geht auf uns Schuldige zu und versorgt uns verletzliche Wesen. Wie können wir Gott nahekommen? Sich ihm nähern heißt auf Gott zugehen, aber so, dass Gott Gott bleibt. Er bleibt uns Geheimnis, und dies umso mehr, wenn wir den Weg mit ihm zu gehen begonnen haben. Denn mit der Erfahrung seiner Liebe schreckt uns seine Verborgenheit umso mehr. Was wir an Gutem erfahren, bringen wir einfach nicht in Einklang mit dem, was wir an Gottes Handeln nicht verstehen. Gott ist der immer Größere, aber deswegen auch der Unerforschbare. Unser Verstehen und Wirken bleiben dagegen so relativ, wie es 1. Mose 3 erzählt. Die Bibel spricht vom Fluch, unter dem wir stehen: Wir leben vor den Toren des Paradieses. Viele glauben darum an ein ewiges Heil im Himmel. Ohne dies mag man das Leben mit all seiner Widersprüchlichkeit nicht anschauen. Wer jedoch sehen will, was es zu glauben gilt, der ist bereits zum Schauen gelangt, und dagegen steht unsere Wirklichkeit allzu deutlich. Gott glauben bedeutet, das konkret Gegebene anzunehmen.

Wie ist das Paradies zu gewinnen?

Die erste Geschichte der Bibel, die Gott unter den Menschen zeigt, kündet ein Thema an, das sich wie ein roter Faden durch die Jahrhunderte und Jahrtausende der Menschheitsgeschichte zieht. Diese Erzählung zielt nicht auf Vergangenes, sondern rückt unsere Gegenwart in den Mittelpunkt. Es geht um das Chaos gestörten Lebens. Das Paradies ist verloren und lässt sich nicht vor die Tore des Gartens Eden holen. Wir sind substanziell Gefährdete. Jeder Versuch, dieser beängstigenden Wirklichkeit zu entfliehen, scheitert. Adam und Eva mochten Gottes Wort, seiner Liebe und Fürsorge nicht trauen. Dadurch verloren sie die Gemeinschaft mit dem Vater und so das Paradies, nachdem sie sich fortan zurücksehnten (3,23f). Unsere Sehnsucht nach dem Guten hat seine Ursache also nicht nur in der uns umgebenden Realität des Bösen, sondern ebenso in dem Frieden und Vertrauen, die uns verloren gegangen sind. Niemand wird sich auf den Weg machen, das Tor zum Paradies auf der Erde zu suchen. Und auch vom Baum des Lebens zu essen bleibt nur ein Traum.

Wie viel Geld wir auch immer in unser Krankensystem pumpen, und so gesund wir uns auch immer ernähren: Am Ende steht der eine Tag, die eine Stunde, vor der wir möglicherweise bereits ein ganzes Leben lang fliehen. Die Zeit läuft uns davon, und wir halten sie nicht auf. Wie hoch hinaus uns unsere Wege auch führen mögen, schlussendlich geht es mit uns bergab. Das ist die Lage. Was gibt es noch zu sagen?

Der Cherub Gottes

24 So trieb Gott, der Herr, die Menschen hinaus und stellte östlich von Eden die Cheruben und das flammende Schwert als Wächter auf. Niemand sollte zum Baum des Lebens gelangen können.

Wesensmerkmale der Sünde sind Trennung und Begrenztheit. Ihr Symptom ist ein ständiges Laufen, ohne je anzukommen. Bis zu unserem Ende hat uns der Tod im Griff. Auf der anderen Seite der Medaille ist die Wahrheit des Evangeliums geprägt. Denn nur Gott hat die Macht, den Tod – und damit die Sünde – zu überwinden. Gott ist das Licht in der Dunkelheit, wie es der Evangelist Johannes und Jünger Jesu ausdrückt. Er ist der Garant des Paradieses.

Was verbinden Sie damit, »Kind Gottes« zu sein? Sind Ihre Erwartungen realistisch, wenn Sie sie mit der Wirklichkeit heranwachsender Kinder vergleichen?

Haben Sie den Glauben schon als anstrengend empfunden, weil Sie sich bemühten, gute Gefühle für Gott in Ihnen wachzuhalten?

Trend ist, vom Leben Glück und Erfüllung zu fordern. Was dürfen Sie von Gott, von Ihrem Partner, von der Gemeinde und was von Freunden erwarten? Schreibt eure Wünsche auf.

Meine Erwartungen an

Gott _____

meinen Partner _____

an die Gemeinde _____

an meine Freunde _____

Wissen die einzelnen Personen, was Sie von ihnen erhoffen?
Was hält Sie davon ab, es ihnen zu sagen?

Was bedeutet es für Sie, wenn sie Ihr Begehren zurückweisen bzw. nicht erfüllen?

Tauscht euch über eure Arbeitswelt aus und kreuzt auf der folgenden Skala von 1 bis 7 an, wo ihr euch wiederfindet:

Meine Arbeit	1 2 3 4 5 6 7	
belastet mich kaum	_ _ _ _ _ _ _	ist übermäßig anstrengend
wird angemessen honoriert	_ _ _ _ _ _ _	findet keine Anerkennung
füllt mich aus	_ _ _ _ _ _ _	langweilt mich
entspricht mir	_ _ _ _ _ _ _	macht keinen Sinn
überzeugt mich	_ _ _ _ _ _ _	stimmt mich nicht zufrieden
fördert mich	_ _ _ _ _ _ _	fördert keine Kompetenzen
hat ein gutes Ansehen	_ _ _ _ _ _ _	interessiert niemanden

Ich glaube nicht, dass die Frau schuldiger vor Gott ist als der Mann.

Ich glaube nicht, dass Menschen restlos glücklich machen.

Ich glaube nicht, dass Arbeit unglücklich macht.

Ich glaube nicht, dass unser biologischer Tod nur Verhängnis ist.

Der vorübergehende Gott

Wir träumen von großer Unmittelbarkeit Jesu in unserem Alltag. Wir möchten gerne zu einem vertieften Wissen von Gott gelangen. Wir wollen die biblischen Geschichten im eigenen Christsein nacherleben. Es geht uns auch um Gottes Wirklichkeit in unseren Gemeinden, in denen wir von Christus und seinem Geist tiefer und unmittelbarer angerührt werden möchten. Doch wir wissen nicht, wie diese Hoffnung Realität werden kann. Zeitweise fühlen wir uns von Gott regelrecht verlassen, und die Zeichen seiner Liebe und Zuwendung liegen wie unter einem Schleier persönlicher Sorgengeister. Gibt es ein Mittel, mit dessen Hilfe Jesu Kraft in uns zur Wirkung kommt?

> Dadurch wissen wir nun noch sicherer, dass die Voraussagen der Propheten zuverlässig sind, und ihr tut gut daran, auf sie zu achten. Ihre Botschaft ist für euch wie eine Lampe, die in der Dunkelheit brennt, bis der Tag anbricht und das Licht des Morgensterns eure Herzen hell macht.
>
> 2. Petrus 1,19

Grenzerfahrung

1. Könige 19,3-16

3 Da packte Elija die Angst, und er floh, um sein Leben zu retten. In Beerscheba an der Südgrenze von Juda ließ er seinen Diener zurück 4 und wanderte allein weiter, einen Tag lang nach Süden in die Steppe hinein. Dann setzte er sich unter einen Ginsterstrauch und wünsch-

te den Tod herbei. »Herr, ich kann nicht mehr«, sagte er. »Lass mich sterben! Ich bin nicht besser als meine Vorfahren.« 5 Dann legte er sich unter den Ginsterstrauch und schlief ein. Aber ein Engel kam, weckte ihn und sagte: »Steh auf und iss!« 6 Als Elija sich umschaute, entdeckte er hinter seinem Kopf ein frisches Fladenbrot und einen Krug mit Wasser. Er aß und trank und legte sich wieder schlafen. 7 Aber der Engel des Herrn weckte ihn noch einmal und sagte: »Steh auf und iss! Du hast einen weiten Weg vor dir!« 8 Elija stand auf, aß und trank und machte sich auf den Weg. Er war so gestärkt, dass er vierzig Tage und Nächte ununterbrochen wanderte, bis er zum Berg Gottes, dem Horeb, kam. 9 Dort ging er in die Höhle hinein und wollte sich darin schlafen legen. Da hörte er plötzlich die Stimme des Herrn: »Elija, was willst du hier?« 10 Elija antwortete: »Herr, ich habe mich leidenschaftlich für dich, den Gott Israels und der ganzen Welt, eingesetzt; denn die Leute von Israel haben den Bund gebrochen, den du mit ihnen geschlossen hast; sie haben deine Altäre niedergerissen und deine Propheten umgebracht. Ich allein bin übrig geblieben, und nun wollen sie auch mich noch töten.« 11 Der Herr sagte: »Komm aus der Höhle und tritt auf den Berg vor mich hin! Ich werde an dir vorübergehen!« Da kam ein Sturm, der an der Bergwand rüttelte, dass die Felsbrocken flogen. Aber der Herr war nicht im Sturm. Als der Sturm vorüber war, kam ein starkes Erdbeben. Aber der Herr war nicht im Erdbeben. 12 Als das Beben vorüber war, kam ein loderndes Feuer. Aber der Herr war nicht im Feuer. Als das Feuer vorüber war, kam ein ganz leiser Hauch. 13 Da verhüllte Elija sein Gesicht mit dem Mantel, trat vor und stellte sich in den Eingang der Höhle. Eine Stimme fragte ihn: »Elija, was willst du hier?« 14 Er antwortete: »Herr, ich habe mich leidenschaftlich für dich, den Gott Israels und der ganzen Welt, eingesetzt, denn die Leute von Israel haben den Bund gebrochen, den du mit ihnen geschlossen hast; sie haben deine Altäre niedergerissen und deine Propheten umgebracht. Ich allein bin übrig geblieben, und nun wollen sie auch mich noch töten.« 15 Da befahl ihm der HERR: »Geh den Weg zurück, den du gekommen bist! Geh bis nach Damaskus, und salbe dort Hasaël zum König von Syrien.

16 Darauf salbe Jehu, den Sohn von Nimschi, zum König von Israel und Elischa, den Sohn Schafats aus dem Dorf Abel-Mehola, zum Propheten, zu deinem Nachfolger.

Spüren Sie in sich einen immer breiter werdenden Spagat, der Sie fürchten lässt, dass Ihr Glaube sich verabschiedet? Was dann noch zu bleiben scheint, ist das Bemühen, dem persönlichen Glauben durch Eigeninitiative auf die Sprünge zu helfen. Auch Elijas Eifer für Gottes Sache hatte sich mit der Zeit erschöpft. Mit seiner Kraft am Ende, bekam er es mit der Angst zu tun. Verausgabt und verzweifelt flieht er, vor Menschen und vor Gott, in die Wüste. Insofern ist Elijas Geschichte eine klassische Burn-out-Geschichte. Aber es gibt hier auch noch einen anderen Aspekt. Mit Elija streben wir nach Heiligkeit und Nachfolge Gottes in unseren Herzen, doch entmutigt glauben wir, Erfahrungen wie die seinen kämen für uns nicht infrage. Auf den ersten Blick hat die Geschichte Elijas wenig mit unserem Christsein zu tun. Sie spielt nicht nur im Alten Testament, hier wird zudem eine Begegnung mit Gott geschildert, wie wir sie nicht kennen. Wir standen nie auf dem Berg Horeb, als Gott uns zum Greifen nahe kam. Und doch sagt der Bericht Entscheidendes über Gottes Nähe in unserem Leben aus.

Dabei empfinden wir das Geschilderte nicht unbedingt als ermutigend. Denn Gott kam zu Elija, ohne dass der Prophet ihn gerufen hätte. Es scheint, dass Gott sich im Alten und Neuen Testament unmittelbarer und konkreter mitteilte, als wir das heute erleben. Aber das passt nicht zu der Verheißung, dass Gott Christen durch den Heiligen Geist näher ist als jemals zuvor in der Geschichte. Mit Blick auf den Heiligen Geist hat uns Jesus zugesagt: Ich werde meinen Stellvertreter zu euch senden! Mit dieser Beobachtung stoßen wir an eine Grenze. Wir haben Gott nicht so bei uns, wie wir es gerne hätten – in Erlebnissen und im Gebet, beim Lesen der Bibel und in den Herausforderungen des Tages. Tatsächlich begegnet uns Gott anders. Es ist der vorübergehende Gott, der uns irritiert. Das Glück und die Geborgenheit des Glaubens finden wir nicht in unserer Seele: Das Epizentrum aller Glaubenserfahrung liegt in Gott selbst. Was wir von ihm widerspiegeln, ist so unterschiedlich, wie wir verschieden sind. Die Strahlen Gottes brechen sich in uns zwar wie in einem Kaleidoskop, aber kein Christ strahlt über die gesamte Farbpalette.

Gottes Nähe und Distanz

Einerseits bleibt der Heilige Geist in uns. Gottes Geist ist nicht mal bei uns und dann wieder fern von uns. Andererseits schwankt unsere Empfindung seiner Gegenwart. Das offenbart beides: Gottes Nähe und seine Distanz. Die Geistgegenwart in unserem persönlichen Leben trägt nicht das Aushängeschild des permanenten Einsseins mit Gott. Stellen wir uns die Szene von Elija am Horeb vor, so beeindrucken uns der Sturm und das Feuer, der berstende Fels und der krachende Blitzschlag. Aber in alldem war Gott nicht! Das ist deutliche Kritik an einer Gottessuche, die auf das besondere und eindrücklich große Ereignis wartet. Begegnung mit Gott kommt vielfach unscheinbar daher. Sie geschieht unauffällig, fast beiläufig, und geht wie ein leises Säuseln vorüber. Dafür gilt es Sensibilität zu entwickeln. Wer nach dem Sturmbrausen Ausschau hält, mag gar nicht merken, wie Gott vorübergeht. Aber wollen wir Christus als vorübergehenden Wandersmann, auf den man achten muss, um ihn zu erkennen?

Vor seiner Höhlenerfahrung war Elija voller Zweifel an Gott und sich selbst in die Wüste geflohen. Verzweifelt wollte er sterben. Vom Boten Gottes gestärkt, tritt er einen vierzig Tage dauernden Weg an. Vierzig Tage, an denen Gott schweigt. Es vergeht mehr als ein Monat, an dem nichts von Gott zu sehen und zu spüren ist. Danach, so wird uns berichtet, erging das Wort Gottes an Elija! Mancher von uns ist auch gleichsam in die Wüste gelaufen, und einige werden sich wie Elija durch den

Anruf und die Stärkung Gottes auf den Weg gemacht haben. Dort ist der Wunsch steter Begleiter, dass uns Christus nun näher und gegenwärtiger sein möchte als zuvor. Doch schon bald empfinden wir erneut sein Schweigen. Wieder fühlen wir uns alleingelassen. Das ist es, was dem Glauben zusetzt: zu wissen, dass Gott ist, und zu trauern, weil er nicht sichtbar neben uns hergeht.

Nach vierzig Tagen spricht Gott Elija an. Da freut er sich und ist ganz Ohr. Aber er klagt auch. Führt die gleiche Beschwerde wie vor vierzig Tagen und malt Gott erneut seine resignativ-hoffnungslose Situation vor Augen. An Argumenten fehlt es ihm nicht, und Gott widerspricht seiner Beschreibung der Umstände auch nicht. An dieser Stelle wünschen wir uns ein besonderes Ereignis. Es muss doch etwas passieren, damit das Blatt sich wendet. Und tatsächlich: Es hebt ein Sturm an. Doch sosehr es auch bläst, in dieser Erscheinung wendet sich das Blatt für Elija nicht. Es gibt keinen Grund, sich zu verhüllen, denn Elija spürt, dass es das nicht ist, was er braucht. Auch wir haben sicher schon auf Großereignisse gehofft und besondere Kraftwirkungen herbeigesehnt. Aber was auch geschah: Hat es unsere Situation verändert?

Der Wanderprediger

Auch in den Evangelien ist Christus der Vorübergehende. Vielfach lesen wir summarisch, wie er in der Landschaft rings umherzog, von Judäa nach Samaria. Mal ist er hier und mal ist er da. Und darin zeigt sich, wozu er gekommen ist. Von diesem umherziehenden Jesus ging die Kraft Gottes aus. Durch ihn fand Zachäus zu einem neuen Lebensbeginn, als Jesus an dem Baum vorüberging, in dem er saß. Dem Blinden wurden die Augen aufgetan, als er nach dem vorübergehenden Jesus rief. Und schließlich begegnete der Auferstandene Maria mit den Worten: Berühre mich nicht und halte mich nicht auf. Man kann alle diese Geschichten lediglich als Wegnotizen betrachten. Doch damit verlieren wir ihre eigentliche Aussage aus dem Auge. Was das Neue Testament beschreibt, ist: Jesus Christus ist nur vorübergehend bei uns gewesen! Das Erscheinen Gottes unter den Menschen war nicht bleibend. Und auch sein Kommen durch den Heiligen Geist trägt dieses Signum: Der Geist weht, wo er will. Wir hören sein Rauschen und wissen doch nicht, woher er kommt und wohin er geht (Johannes 3,8).

Fragen wir also noch einmal, was wir uns von Christus wünschen und was wir von unserem Glauben an ihn erwarten. Dann merken wir vielleicht, dass unsere Sehnsucht nicht Gottes Verheißungen entspricht. Unser Wunsch, dass er bleiben möge, widerspricht geradezu der Art und Weise, wie er uns tatsächlich begegnen will: immer wieder neu, aber nie für uns verfügbar. Christus lässt sich durch niemanden aufhalten. Das müssen wir lernen, wenn wir zu erfüllter Gottesbegegnung finden wollen. Aber es steht unserem menschlichen Streben und Wollen entgegen. Wir wollen behalten, festhalten, an uns binden und besitzen. Niemand aber wird Christus in seinem Herzen behalten, der ihn nicht als Vorübergehenden lieben lernt.

Geprüfte Zuversicht

Die Erzählung von der Gotteserscheinung am Horeb berührt noch einen weiteren Aspekt. Nachdem Gott an Elija vorübergezogen ist, wird er mit einem neuen Auftrag betraut. Die vor ihm liegende Aufgabe ist nicht ungefährlich. Indem er in die Nachfolgeberufung des Königtums eingreift, setzt er sich dem Zorn und den Angriffen seiner Widersacher aus. Nach einer großen Enttäuschung führt die Gottesbegegnung zu einer neuen Beauftragung. So war es vor Elija schon Mose und Jakob ergangen, und später werden die Propheten Ähnliches erfahren. Diese Linie erreicht dann Timotheus, der von Paulus an seine Berufung und die in ihm schlummernden Gaben ermahnt werden muss (2. Timotheus 1,6). Und uns betrifft es ebenso. Nach Enttäuschungen und vergeblicher Mühe möchten wir am liebsten aufgeben. Doch hier werden wir, wie Petrus, mit einem neuen Auftrag und Zuspruch ausgerüstet. Auch diese neue Beauftragung wird kein nicht endendes Erfolgsspektakel sein. Denn Gott legt sich wohl mit seinem Auftrag für uns fest, aber er gibt keine Erfolgsgarantien.

Die Erfahrung des Scheiterns ist jedoch kein Beleg unserer Unfähigkeit! Sie ist mehr eine Prüfung unserer Zuversicht. Die Enttäuschungen, die wir erleben, unterstreichen, dass wir Gott als den vorübergehenden Herrn lieben sollen. Gott will, dass wir damit einverstanden sind, denn darin zeigt sich das Vertrauen, das er bei uns sucht. Es ist nur vordergründig eine verunsichernde Erfahrung, Gott nicht besitzen zu können. Lernen wir sie anzunehmen, liegen gerade darin das Glück und der Frieden in der Nachfolge Jesu! Es geht ja nicht um unsere Sache. Es geht vielmehr um Gottes Sache, für die er verantwortlich zeichnet. Das zu begreifen, löst aus den Bindungen selbst angelegter Fesseln. Es ist befreiend und zutiefst beglückend, Gott Gott sein zu lassen. Darum ist sein Vorübergehen weit mehr, als uns sein Bleiben sein könnte. Sein Bleiben würden wir unweigerlich uns zuguteschreiben, mit unseren Erfolgen verbinden und darüber Christus als den Geber und Gnadenspender aus dem Herzen verlieren.

In beinahe unbegrenzt vielen Varianten entfaltet Gottes Wort dieses Thema vor unseren Augen. In der Unwägbarkeit des kommenden Herrn und in seinem Vorübergang ist unser Glaube gefragt. Gefragt ist, ob wir uns für einen Gott entscheiden, der sich in keines Menschen Hand begibt und sich auf keine Gemeindeform eingrenzen lässt. Wenn wir uns ihm darin willig unterordnen, empfangen wir ungeahntes Glück, reichen Trost und den Zuspruch seiner Gegenwart.

Anregungen
zum persönlichen Gebrauch und Gruppengespräch

Sammelt Geschichten der Bibel, die davon berichten, dass Gott oder Jesus an Menschen vorüberging (es sind mehr als drei). Listet sie auf und macht euch kurze Notizen dazu, in welcher Lage sich diese Leute befanden. Welche Geschichte holt Sie in Ihrer jetzigen Situation am besten ab?

Bibelstelle	Kernsatz	Situation der betroffenen Personen

Vergegenwärtigt euch die Gründe, weshalb uns die Bibel den vorübergehenden Gott und Christus schildert. Haben Sie sich in der Vergangenheit seinem geistlichen Lernprogramm entzogen?

Weil Gottes Licht von außen auf uns fällt, bedeutet jede Begegnung mit ihm die Erfahrung von Nähe und Distanz. Die Sonne kann mich nur wärmen, weil sie über mir steht. Wir empfinden ihre wohltuende Nähe und zugleich ihre unermessliche Entfernung. Welche Assoziationen löst dieser Vergleich in Ihnen aus?

Warum geht Gott nicht in die Höhle hinein, in die sich Elija zurückgezogen hatte? Wäre das nicht ein viel größeres Zeichen von Wertschätzung gewesen, als ihn nach draußen zu rufen?

Warum fragt Gott Elija zweimal, was er auf dem Horeb sucht, obgleich der Berg im Alten Testament ein klassischer Ort der Gottesbegegnung ist und Elija Gott zweimal sein großes Leid und seine Angst geklagt hatte?

Was löst der Begriff der Gottesfurcht in Ihnen aus?

Mose durfte Gottes Heiligkeit nachschauen (2. Mose 33,18-23); der Blick in den Thronsaal Gottes, in dem die Engelheere und alle Menschen vor Christus, dem Lamm, niederfallen (Offenbarung 5,13f), bleibt uns verheißen! Das war ein geistlich wacher Augenblick, als es die Israeliten durchfuhr, vor Gottes Angesicht nicht bestehen zu können (5. Mose 5,25-29). Wer unerlaubt die Bundeslade berührte, war des Todes (1. Chronik 13,9-10), und wer frevlerisches Opfer darbrachte, den traf Gottes Gericht (1. Samuel 2,15-17.30; 3,13f). Deswegen wurde Mose vorgeschickt, da er als Freund Gottes galt (2. Mose 33,11), als ein Mann nach dem Herzen Gottes. Mose fürchtete Gott im eigentlichen Sinn des Wortes. Um Gottes Heiligkeit zu begreifen, ist es gut, von uns weg auf Christus hin zu schauen. Wir müssen beides sehen: den heiligen Gott und den unheiligen Menschen, unseren Freund und Bruder Jesus und den unerreichbaren König, der in unzugänglichem Licht wohnt (1. Timotheus 6,16). Gottes Heiligkeit öffnet uns die Augen für die Schuld des eigenen Lebens. Und der Blick auf Jesu Königsherrschaft öffnet uns den Blick für den eigenen Adel durch Christus.

Die liebenden Augen Jesu, die ihm vor Erbarmen und Trauer übergehen (Lukas 19,41), sind die Augen des erhöhten Christus, Feuerflammen gleich. Die anmutige Stimme des Josephssohns ist die Stimme des Christus, stark wie Posaunenschall und scharf wie ein zweischneidiges Schwert (Offenbarung 1,10-18). Es ist wunderbar und Ehrfurcht gebietend zugleich, Christus zum König und Freund zu haben.

Ich glaube nicht, dass Gott ist, wie wir ihn uns denken.

*Ich glaube nicht, dass Gott in unsere engen Höhlen passt
oder auf unseren höchsten Gipfeln steht.*

*Ich glaube nicht, dass Gottesfurcht unserer natürlichen
Art entspricht.*

Tödlicher Milzbrand

Milzbrand ist ein grausamer Bazillus. Damit infiziert, gibt es kaum eine Überlebenschance. Als Kampfmittel eingesetzt, rafft es Menschen und Tiere dahin. 1972 unterschrieben 143 Staaten die Biowaffenkonvention und ächteten Anthrax. Kein vernünftiger Mensch wird das Ungeheuer aus der Büchse lassen. Aber genau das geschah, als in den Vereinigten Staaten mit Milzbrand versetzte Briefumschläge fünf Menschen das Leben kosteten. Wo kam es her? Welcher Wahnsinn konnte zu solch einer Tat verleiten? Die Spur führte nach Fort Detrick, und als Täter wurde ein US-Wissenschaftler ausgemacht, der sich das Leben nahm. Vom tödlichen Milzbrand der Sünde sind wir alle infiziert. Es gibt ein einziges Mittel gegen seine verheerende Wirkung.

> **Die Güte des Herrn ist's, dass wir nicht gar aus sind.**
>
> Klagelieder 3,22

Auf Leben und Tod

Das Böse ist dem Milzbrand gleich, der allen zur tödlichen Gefahr wird, die damit in Berührung kommen. Und das sind wir: Die Sünde hat uns alle betroffen, und wir haben kein brauchbares Gegenmittel. Das beunruhigende Geheimnis unseres Lebens stellt uns die Bibel gleich zu Beginn vor. Beantwortet wird das Geheimnis auch. In Geschichte gekleidet oder als Geschichte begriffen, aber gültig und wahr: Wo sich Mensch und Schlange begegnen, da ist dies ein für uns durchaus hoffnungsloser Kampf. Denn hierbei geht es auf Leben und Tod.

Mit Jesaja 43,22-25 und 46,1-4 begegnen uns zwei starke Texte, die unserer diesbezüglichen Angst Grenzen setzen. In beiden geht es um Gott, der sich für uns zum Lastenträger macht.

1 Gott Bel geht in die Knie, Gott Nebo sinkt um; ihre Bilder werden weggeschleppt auf dem Rücken des Lastviehs. Ihr Leute von Babylon, eure Götter sind aufgeladen, das Vieh schleppt sich müde daran! 2 Die Götter sind umgesunken, sind in die Knie gegangen; sie können die eigene Last nicht retten, müssen selber in die Gefangenschaft! 3 »Hört, Volk Israel, der ganze Rest, der von den Nachkommen Jakobs übrig geblieben ist«, sagt der Herr. »Ich habe euch getragen, seit es euch gibt; ihr seid mir aufgeladen, seit ihr aus dem Mutterleib kamt. 4 Und ich bleibe derselbe in alle Zukunft! Bis ihr alt und grau werdet, bin ich es, der euch schleppt. Ich habe es bisher getan, und ich werde es auch künftig tun. Ich bin es, der euch trägt und schleppt und rettet!«

Gott macht sich zum Lastesel

Bel, der Gott der Babylonier, wurde von diesen als Schöpfer der Menschen verehrt. Er war der Gott des Himmels. Sein Sohn Nebo galt den Babyloniern als der Gott der Weisheit und des Schicksals. Bel und Nebo verkörperten den Babyloniern alles Undurchsichtige und Unverständliche. Den Anfang des Lebens und seinen Sinn – das Schicksal! Bel und Nebo waren dafür gut, all das Auseinanderstrebende im Leben der Glaubenden zusammenzuhalten. Das ist uns nur allzu verständlich. Sehnen wir uns doch ebenfalls nach Glauben, der Sicherheit verspricht, wie ihn diese Welt nicht zu geben vermag. Die Leute damals versprachen sich von Bel und Nebo Halt, Schutz und Glück. Und die Welt war in Ordnung und die Leute waren glücklich und zufrieden mit den Göttern, solange ihre Rechnung aufging. Die Götter sind gut, solange es ihren Anhängern gut geht. Dafür sind Bel und Nebo gut – und dafür sind alle Götter und alle Religionen gleich gut.

Diese Überzeugung ist das ansteckende, tödliche Virus, das Gottes Volk infiziert hatte. So kommt es ihnen in den Sinn, Gott mit Opfern zu gefallen, um einen Anspruch auf seine Zuwendung zu haben. Mehr noch: Gott, so meinen sie, hat ihnen eine Last aufgelegt. Viele Opfer müssen sie bringen und Vorschriften einhalten. Das ist die Art, mit der sie meinen, Jahwe tragen zu müssen. Aber dieses Getue ist eine Beleidigung, denn er braucht das nicht. Aber sie brauchen ihn. Gott macht sich zu unserem Lastenträger! Darum sitzen wir obenauf. Aber wir begreifen das nicht. Deshalb spricht Gott Klartext:

Jesaja 43,22-25

> *22 Der Herr sagt zu Israel, der Nachkommenschaft Jakobs: »Berufe dich nicht darauf, du hättest mich zu Gast geladen und dir Mühe gegeben, mich zu ehren. 23-24 Du hättest mir die Lämmer deiner Brandopfer dargebracht und mich mit deinen Opfermählern geehrt. Du hättest für mich die kostbaren Zutaten zum Salböl gekauft und mich mit dem Fett deiner Opfer erfreut. Behaupte nur nicht, ich hätte dir eine schwere Last aufgeladen mit den Speiseopfern und dich geplagt mit den Räucheropfern, die ich von dir verlangt habe. Im Gegenteil, du hast mir eine Last aufgeladen mit deinen Sünden und hast mich geplagt mit deinen verbrecherischen Taten! 25 Ich bin dir zu nichts verpflichtet. Und trotzdem vergebe ich deine Schuld und denke nicht mehr an deine Verfehlungen – weil ich es so will!«*

Weil Gott es so will!

Die Götterbilder Bel und Nebo stehen für die Macht des babylonischen Reiches. Von Menschen angefertigt, wurden sie jährlich zur Neujahrsprozession durch die Stadt getragen. Doch das durch diese Götter repräsentierte Reich ist im Zusammenbruch begriffen. Der Prophet sieht das Ende des Imperiums kommen, denn die Macht des Perserreiches nimmt ständig zu. Es ist nur noch eine Frage der Zeit, dann wird sein König Cyrus Babylon stürzen. Im letzten Augenblick, so steht es dem Propheten Jesaja vor Augen, versuchen die Menschen, ihre Götter Bel und Nebo aus dem bedrohten Tempel wegzuschaffen. Keine Prozession, sondern Kapitulation, das Ende des mächtigen babylonischen Reiches und mit ihm auch das Ende seiner Götter. Groß und schwer sind die beiden Statuen. So groß und schwer gefertigt, wie sie für die Menschen, die sie verehren, gewichtig sind. Doch jetzt sind Bel und Nebo umgesunken, sie sind in die Knie gegangen, können die eigene Last nicht retten. Wie sollen sie da einem Menschen helfen?

Die Bilderverehrung Gottes war Israel streng verboten. Nun wird deutlich, warum. Gottesbilder werden von uns geschleppt. Die Bilderverehrer müssen ihre Götter retten, denn sie selber können das nicht. Anstatt im Augenblick des bevorstehenden Zusammenbruchs das Volk zu tragen, werden die Götter den Gläubigen selbst zur Last. In unseren Krisen wird deutlich, ob uns Gott zu tragen vermag! Dann kommt es nicht darauf an, wie wir ihn uns denken, sondern ob er mit uns zum Ziel kommt. Bel und Nebo konnten ihr Bild nicht retten. Aber Jahwe trägt sein Volk durch seine Katastrophen.

Unsere Götzen stehen und fallen mit der politischen Größe eines Reiches, mit dem persönlichen Einfluss eines Menschen, mit dem Geld eines Systems oder den Ideologien von Philosophie oder Religion. Jahwe bleibt, weil er nicht von Menschen getragen und gestützt werden muss. Und Christus bleibt, weil er sein Kreuz selber trug, und unsere Last dazu. Wenn wir einbrechen, liegt Christus längst nicht am Boden. Anders gesagt: Wenn Gott nur in unseren Bildern von ihm existiert und unsere Riten und Verehrung ihm Bestand geben, wenn er sich nur in der Stärke unseres Lebens erweist und in dem Glanz dessen, was wir selber schaffen, dann haben wir es in alledem mit Sicherheit nicht mit dem Gott der Bibel zu tun. Dann handelt es sich um einen selbst gemachten Götzen.

Ein auf unser Vertrauen gebauter Glaube wirft uns zu Boden. Wir vermögen Christus nicht zu tragen, wenn er uns nicht tragen darf. Es gilt, uns von eingebildeter Stärke zu verabschieden, von der Überzeugung, richtig und in Ordnung zu sein, von dem Glauben, dass wir uns selbst genug sind. Ein gemachter Gott kann uns nicht tragen. Das vermag nur der lebendige Gott! Deshalb macht sich uns Jesus zum Lastesel. Darum kommt er zu uns in unsere Katastrophen. Darum lässt Gott seinen Sohn seine eigene Katastrophe am Kreuz erfahren. Damit wir das endlich begreifen und mit unserer ganzen Existenz erfassen: Nicht du trägst den Christus, sondern er trägt dich! Niemand kann für seine eigene Schuld aufkommen, verkündet das Evangelium. Und das heißt: Unser Glaube bricht nicht unter Gott zusammen, sondern unter unserer Eitelkeit, Jesus schultern zu wollen. Gegen dieses verirrte Denken setzt Gott sein Versprechen: »Ich bin es, der euch trägt und schleppt und rettet!«

Anregungen
zum persönlichen Gebrauch und Gruppengespräch

Was fällt in Ihrem Leben oder Ihrer Umwelt gerade auseinander? Teilt euch eure Themen unkommentiert mit und betet für die genannten Anliegen.

Womit wollen Sie Gott beeindrucken und gnädig stimmen? Sprechen Sie diese Schuld vor Gott aus und bekennen Sie sich dazu, damit Sie Gott wieder danken können.

»Ich fürchte mich nicht! Gott hält mich an seiner Hand. Ihm verdanke ich mein Leben und meinen Glauben. Er ist bei mir, auch wenn ich durch Feuer und Wasser gehen muss.«

Jesaja 43,1-3

Sieger Köder: Jesus vom Kreuzesbalken erdrückt

»Sie stiegen mir über den Hals; da brach meine Kraft. Preisgegeben hat mich der Herr, ich kann mich nicht erheben.«

Klagelieder 1,14

Betrachtet die Bildaufteilung: Was fällt euch auf?

Warum ist der Himmel so groß gemalt?

Möchten Sie an Jesu Stelle liegen?

Können Sie wirklich Jesu Kreuz tragen?

Warum bürden Sie es sich auf?

Ich glaube nicht, dass wir Gott tragen können.

Ich glaube nicht, dass wir Gott beeindrucken können.

Woran glauben?

Wir haben bereits einen Schritt hinaus über das getan, was viele Menschen mit dem Glauben an Gott verbinden können. Denn durch Gottes Vergebung die eigene Schuld anzunehmen setzt nicht nur die Existenz Gottes voraus, sondern ebenso, dass Mensch und Gott in einer unmittelbaren Beziehung zueinander stehen. Beides ist nicht logisch zu erschließen, und tatsächlich bieten sich viele andere Glaubensüberzeugungen jenseits dieser Gottesvorstellung an.

> **Er hat seinen Geist in unser Herz gegeben als Anzahlung auf das ewige Leben, das er uns schenken will.**
>
> 2. Korinther 1,22

Der Anfang

Schöpfung oder Zufall? Auf diese knappe Formel lässt sich der Glaubensstreit um den Beginn des Lebens bringen. Tatsächlich vertreten beide Seiten einen Glauben, und verblüffend ist, wie nah einander beide Vorstellungen unter philosophischen Gesichtspunkten sind. Ihr Grundschema ist vergleichbar. Die Verfechter der Evolutions- wie der Schöpfungslehre postulieren einen Anfang, den sie nicht weiter hinterfragen können und hinter den zurück sie vor allem nicht fragen wollen. Diesen Anfang nennen die einen Gott und die anderen Urknall. Beide wissen nicht zu sagen, woher der jeweilige Anfang rührt, und beide können keine Auskunft darüber geben, was zuvor war. Gott oder Urknall? Beides postuliert übereinstimmend einen Anfang!

Weil wir in zeitlichen Kategorien denken und weil wir das vollkommene Nichts nicht denken können, bleibt uns nichts weiter übrig, als so vorzugehen. Es könnte jedoch überraschen, dass Christen ein endgültiges Ende, das vollkommene Nichts, bestreiten, und dass sie die Vorstellung, mit dem Tod des Menschen sei alles aus, nicht akzeptieren. Dieser Glaube ist noch sehr viel weitreichender als der Schöpfungsglaube, weil er sich nicht auf die materielle Welt beschränkt. Insofern unterscheidet sich der Schöpfungsglaube maßgeblich von dem Glauben an eine rein zufällige Weltentstehung. Wie wir über den Anfang denken, hängt nämlich entscheidend davon ab, wie wir über unser Ende denken. Zuerst glauben wir an ein Leben nach dem Tod, und daraus schlussfolgern wir einen Schöpfer und Erhalter des Lebens. Dabei nehmen wir an, dass alles Geschaffene durch Gottes Wille und Wort wurde, und ebenfalls, dass der Schöpfer alles von ihm Geschaffene überlebt. Verdankt sich das Leben allerdings dem Zufall, kann man sich für das Ende des Lebens mit der gleichen Aussage begnügen, die man für dessen Anfang akzeptiert. Es ist dann existenziell irrelevant.

Darum ist Richard Dawkins[9] atheistisches Gedankengebäude ebenso in sich schlüssig wie das des Kreationismus – und darum können sie nicht zueinanderfinden. Ich teile deshalb die Einschätzung der Evangelischen Zentralstelle für Weltanschauungsfragen (EZW), die zu bedenken gibt, dass der Glaube an die Schöpfung zu einer pseudowissenschaftlichen Weltanschauung werde, wenn er zutreffendes Wissen über Entstehung und Entwicklung der Welt vermitteln wolle. Bisher war die Theologie noch immer schlecht beraten, wenn sie den Glauben an Gott abhängig machte von den jeweils vorhandenen wissenschaftlichen Erkenntnissen. Beides unmittelbar miteinander zu verknüpfen wäre nur zielführend, wenn die Erkenntnismöglichkeiten der menschlichen Vernunft grenzenlos bzw. ihre Erkenntnisgrenzen unbestechlich wären. Da aber auch die menschliche Vernunft, wie die Seele und der Leib, zur gefallenen Schöpfung gehört, ist sie wohl wertvoll, aber nicht unfehlbar.

---

9   Richard Dawkins, Der Gotteswahn, Berlin 2008

Diese grundsätzliche Begrenzung der Vernunft verurteilt alle Gottesbeweise zum Scheitern. Die Wissenschaftsgeschichte ist in ständigem Fluss. Deshalb darf sich die Botschaft vom Schöpfer nicht vom Stand wissenschaftlicher Diskussion abhängig machen. Bereits das Alte Testament spricht in vielfältiger Weise und unterschiedlichen Vorstellungen von der Natur und der Entstehung der Welt. Diese können in der Bibel nebeneinanderstehen, weil die jeweilige Botschaft der Glaubenszeugen erheblich ist. Sie vermitteln »Orientierungs- und nicht primär Informationswissen«.[10]

Der gewünschte Gott

Man kann Christen vorhalten, dass sie unbedingt einen Gott haben wollen, weil es ihrem Bedürfnis nach Halt und Zuwendung entspricht. Mit gleichem Recht darf man jedoch zurückfragen, ob die Ablehnung Gottes nicht das umgekehrte Bedürfnis befriedigt, nämlich niemanden über sich wissen zu wollen.

Das Leben als Zufall zu betrachten und nicht als willentlichen Akt einer höchsten Intelligenz, macht jedoch in ethischer und psychologischer Hinsicht einen Unterschied. Wenn die Schöpfung einen Schöpfer voraussetzt, verlangt dies unsere unbedingte Ehrfurcht vor dem Leben. Hingegen hält der Glaube an den Zufall kein ethisches Prinzip bereit, das solche Skrupel zwingend macht – was freilich nicht ausschließt, dass auch Atheisten alles Leben für schützenswert halten und sich für dessen Schutz mit aller Kraft einsetzen können. Wie so oft, wenn man sich auf eine theoretische Begründung oder Verteidigung des Glaubens einlässt, verfängt das Argument nicht so recht. Weit überzeugender ist der praktische und persönliche Einsatz für die dargestellten Überzeugungen. In diesem Fall sagt ein

---

10 EZW-Nachricht vom 23. Juli 2007, »Dem Kreationismus argumentativ begegnen«; vgl. Hans Küng, Der Anfang aller Dinge. Naturwissenschaft und Religion, München 2006

Greenpeace-Aktivist, der im Schlauchboot vor der gespannten Harpune eines japanischen Walfängers kreuzt, mehr über seine Achtung vor der Schöpfung aus, als es Legionen von Fachbüchern über Intelligent Design vermögen.

Der Wunsch vieler Menschen, ihr Woher Gott verdanken zu wollen, kann dessen Existenz nicht begründen. Ebenso wenig bestätigt der Wunsch vieler anderer Menschen nach Gottes Nichtexistenz ihre Annahme. Ob man nun also an Gott glauben mag oder an den Zufall: Beides ist gleichermaßen möglich, aber meiner Meinung nach nicht gleich sinnvoll. Das lässt schon die religiöse Sprache erkennen, die sich im Ton von der wissenschaftlichen durch Wärme und Poesie unterscheidet und damit unserer Seele nahekommt. Bereits der Begriff der Schöpfung bezeichnet keine wissenschaftliche Kategorie, sondern zielt auf Beziehung zwischen dem Geschöpf und seinem Schöpfer. Dem Baum, dem Tier, der Sonne ist es egal, woher sie kommen. Glaube setzt hingegen Bewusstsein voraus. Im Lebensgefühl finden sich deshalb durchaus Unterschiede zwischen religiösen Menschen und solchen, die eine persönliche Gottesvorstellung zurückweisen. Schlussendlich geht es bei der Frage, woran wir glauben, um eine Entscheidung. Diese wird keinesfalls nur durch Vernunftgründe geleitet, wenngleich Glaube und Unglaube auch ein menschliches Wollen voraussetzen. Kein Glaube jedoch bedarf der Überzeugungskraft der Gedanken. Das wird erkennbar, wenn wir uns vor Augen führen, woran zu glauben sich Menschen entschließen können.

Alltäglicher Glaube

Ich mag darauf vertrauen, dass Wissen und Bildung mir und meinen Kindern beste Zukunftschancen ermöglichen. Doch werde ich erfahren, dass solcher Glaube nichts garantiert. Ich kann glauben, dass Wille und Kampf die Säulen sind, die mein Leben stützen.

Doch werde ich erfahren, dass sich beides an widerstrebenden Kräften erschöpft. Ich mag darauf vertrauen, dass Aussehen und Ansehen, Geld, Einfluss und Macht die Flügel sind, die mich nach oben tragen. Doch werde ich erfahren, dass jeder Starke durch einen Stärkeren bezwungen wird und die Schönheit vergänglich ist, wie jedes Image brüchig. Ich kann an Reinkarnation glauben oder an die Belohnung für ein gutes Leben, und sei es nur in der Erinnerung einiger Menschen. Doch kennen die Enkel meinen Namen schon nicht mehr, und die Wiederkehr ins irdische Leben ist wenig verlockend. Ich mag den Glauben an Ehre und Respekt hochhalten, an die Kunst und das Schöne, an Mächte und Sterne. Doch ist das alles so beliebig wie ein Sandkorn am Meeresstrand.

Seit der Aufklärung ist die westliche Welt vor allem durch den Glauben an den Gebrauch der reinen Vernunft geprägt, wie ihn Immanuel Kant postulierte. Schauen wir genau hin, gibt es in der menschlichen Erfahrung und Erkenntnis aber nichts dergleichen. Wir haben uns das bereits angesehen: Wo immer gedacht wird, fließen Vorurteile in unser Urteil mit ein und bestimmen individuelle Werte all das, was wir für wahr und verlässlich halten. Darum lässt sich Glaube weder durch die Vernunft austreiben noch durch sie begründen. Aber jeder Glaube führt eine Heilserwartung mit sich. Worauf ich vertraue, davon erwarte ich mir auch Hilfe, wenn es darum geht, mein Überleben zu sichern und auch noch etwas Glück zu erlangen. Es ist unser unbedingter Wille, das uns geschenkte Leben möge einen Sinn haben. Was wir an Vertrauen in unseren Glauben investieren, soll bestätigen, dass wir uns nicht täuschen. Tatsächlich sind aber Glaube und Irrtum untrennbar miteinander verwoben, ebenso wie Hoffnung und Enttäuschung eine feste Paarung bilden. Das heißt, aller Glaube ist wohl menschlich und subjektiv bedeutsam, aber er ist als persönliche Erfahrung zugleich bedeutungslos für andere Menschen. Bedürfnisse und Erfahrungen machen noch keinen Gott! Darum lässt sich in Talkrunden so ungeniert von ihm reden, weil niemand eine Ahnung davon hat, wovon eigentlich die

Rede ist. Wenn wir sagen, wir glauben an Gott, so müssen wir zumindest sagen, an welchen.

Glaube als höchster Wert

Jeglicher Glaube repräsentiert für den betreffenden Menschen immer einen höchsten Wert. Das Erschrecken der westlichen Zivilisationen über das Erstarken des Islam und seine weltweite politische Bedeutung verdeutlicht das. Die verbissene Religionskritik in weiten Teilen Europas richtete sich bisher vor allem gegen die eigenen kulturellen Wurzeln im Christentum. Zugleich verlor sich der Blick auf die Tatsache, wie stark Glaubensinhalte in anderen Kulturen und besonders armen Ländern Identität stiften. Die Ursache dieser westlichen Erblindung liegt in ihrem Glauben an Geld, Konsum, Dividende und Wachstum. Die extreme Diskrepanz zwischen Arm und Reich auf unserem Globus bewirkt die westliche Verwirrung im Umgang mit Staaten, die die Religion zur Staatsgrundlage haben. Der gewaltsame Demokratisierungsversuch von Afghanistan oder dem Irak bedeutet ungezählten Moslems einen in seinem Ziel vernichtenden Angriff auf ihren Glauben bzw. eine unerträgliche Überheblichkeit des reichen Westens. Wenn Gottesrecht über Menschenrecht steht, kann darüber nicht durch Mehrheitsentscheid nach demokratischem Muster abgestimmt werden, sondern dann muss das Gottesrecht, nötigenfalls mit Gewalt, durchgesetzt werden. Religiös verfasste oder faschistische Staaten lassen keinen Platz für Demokratie. Religion ist daher nur gut, wenn sie etwas anderes repräsentiert als menschliche Herrschaftsansprüche.

Anregungen
zum persönlichen Gebrauch und Gruppengespräch

Etwas zum Staunen: Macht euch einen gemütlichen Abend und schaut gemeinsam die DVD »Unsere Erde«. Das lässt staunen und hilft zu glauben!

Etwas zum Schmunzeln: Wie wäre es mit etwas humorvoller Entspannung? Das Buch »Wer's glaubt, wird selig« von Dieter Nuhr ist dafür ideal. Lest euch eure Spaßfavoriten vor!

Nach Gottes Ebenbild bin ich geschaffen (1. Mose 1,27). Diese Auszeichnung ist durch nichts zu überbieten. Darum achte ich mich und will auch in allen anderen Menschen ein Ebenbild Gottes sehen – selbst da, wo sie anders sind, denken, glauben und handeln als ich.

Ich glaube an keine endgültigen wissenschaftlichen Forschungsergebnisse über die Schöpfung, weder von Christen noch von Atheisten.

Ich glaube nicht, dass religiöses Recht als Staatsdoktrin zum Wohl der Menschen dient.

Gott stellt sich vor

Unterdrückung und Ohnmacht sind das Thema vieler Völker. Wie die Ägypter den Juden zu Unterdrückern wurden, so die Spanier den Azteken, die Einwanderer Nordamerikas den Indianern und Briten dem indischen Volk. Heute sind es Taliban, die Afghanen terrorisieren, marodierende Söldner die Bevölkerung des Kongo und korrupte Politiker Menschen in Weißrussland oder Somalia. Auch Christen sind weltweit der Verfolgung ausgesetzt.[11] Auf dem Hintergrund all dieses Unrechts ist das Wort Gottes beständig aktuell. Jahwe hat das Volk gesehen, ihr Geschrei gehört und ihr Leiden erkannt. Und er macht sich auf, ihnen zu helfen.

> Was ich beschlossen habe, geschieht, und alles, was ich mir vorgenommen habe, das tue ich.
>
> Jesaja 46,10

2. Mose 3,7-10

7 Weiter sagte der Herr: »Ich habe genau gesehen, wie mein Volk in Ägypten unterdrückt wird. Ich habe gehört, wie es um Hilfe schreit gegen seine Antreiber. Ich weiß, wie sehr es leiden muss, 8 und bin herabgekommen, um es von seinen Unterdrückern zu befreien. Ich will es aus Ägypten führen und in ein fruchtbares und großes Land bringen, ein Land, das von Milch und Honig überfließt. Ich bringe es in das Land der Kanaaniter, Hetiter, Amoriter, Perisiter, Hiwiter und Jebusiter. 9 Ich habe den Hilfeschrei der Leute von Israel gehört, ich habe gesehen, wie grausam die Ägypter sie unterdrücken. 10 Deshalb geh jetzt, ich schicke dich zum Pharao! Du sollst mein Volk, die Israeliten, aus Ägypten herausführen.«

---

11 Max Klingberg (Hrsg.), Märtyrer heute. Eine Dokumentation zur weltweiten Diskriminierung und Verfolgung von Christen.

Gottes Selbstvorstellung beginnt mit einem Rückblick auf die Väter und wird zur Verheißungslinie ausgezogen. Die Botschaft ist: Der Gott der Vergangenheit ist auch der Gott der Zukunft! Auf diesen Gott könnt ihr euch verlassen. Eine vielfach wiederholte Zusicherung in der Geschichte Israels. Aber was heißt das? Was dürfen wir hoffen, was sollen wir erwarten? Mose ahnte die Probleme, die auf ihn zukommen würden. In einer Welt, die von Göttern wimmelt, hat er Zweifel, dass es genügt zu sagen, Gott habe ihn geschickt.

Gott, wie er uns gefällt

Die Gottesoffenbarung im brennenden Dornbusch ist eine Schlüsselgeschichte des biblischen Gottesbildes. Denn der Gott Israels, so wird sich zeigen, ist anderen Göttern unvergleichbar. Der Gott der Bibel wird nicht von Menschen entdeckt, sondern er macht sich selbst bekannt. Deshalb haben wir nach seinem konkreten Namen und nicht nach dem abstrakten Sein Gottes zu fragen. Wir sollen Gott ins Auge und Herz fassen, der immer neu da ist und da sein wird. Wir glauben an den Gott, der nicht einfach ist, sondern der für uns ist. Gottes konkreter Name steht gegen ein beliebiges Gottesbild.

2. Mose 3,1-6.11-15

1 Mose hütete die Schafe und Ziegen seines Schwiegervaters Jitro, des Priesters von Midian. Als er die Herde tief in die Wüste hineintrieb, kam er eines Tages an den Gottesberg, den Horeb. 2 Dort erschien ihm der Engel des Herrn in einer lodernden Flamme, die aus einem Dornbusch schlug. Mose sah nur den brennenden Dornbusch, aber es fiel ihm auf, dass der Busch von der Flamme nicht verzehrt wurde.

3 »Das ist doch seltsam«, dachte er. »Warum verbrennt der Busch nicht? Das muss ich mir aus der Nähe ansehen!« 4 Als der Herr sah, dass Mose näher kam, rief er ihn aus dem Busch heraus an: »Mose! Mose!« »Ja«, antwortete Mose, »ich höre!« 5 »Komm nicht näher!«, sagte der Herr. »Zieh deine Schuhe aus, denn du stehst auf heiligem Boden.« 6 Dann sagte er: »Ich bin der Gott, den dein Vater verehrt hat, der Gott Abrahams, Isaaks und Jakobs.« Da verhüllte Mose sein Gesicht, denn er fürchtete sich, Gott anzusehen. 11 Aber Mose wandte ein: »Ich? Wer bin ich denn! Wie kann ich zum Pharao gehen und das Volk Israel aus Ägypten herausführen?« 12 Gott antwortete: »Ich werde dir beistehen. Und das ist das Zeichen, an dem du erkennst, dass ich dich beauftragt habe: Wenn du das Volk aus Ägypten herausgeführt hast, werdet ihr mir an diesem Berg Opfer darbringen und mich anbeten.« 13 Mose sagte zu Gott: »Wenn ich nun zu den Leuten von Israel komme und zu ihnen sage: ›Der Gott eurer Vorfahren hat mich zu euch geschickt‹, und sie mich dann fragen: ›Wie ist sein Name?‹ – was soll ich ihnen sagen?« 14 Gott antwortete: »Ich bin, der ich bin«, und er fügte hinzu: »Sag zum Volk Israel: ›Der Ich-bin-da hat mich zu euch geschickt: 15 der Herr! Er ist der Gott eurer Vorfahren, der Gott Abrahams, Isaaks und Jakobs.‹ Denn ›Herr‹ (Er-ist-da) ist mein Name für alle Zeiten. Mit diesem Namen sollen mich auch die kommenden Generationen ansprechen, wenn sie zu mir beten.«

Die von der griechischen Philosophie herkommenden Kirchenväter hatten nur Augen für das absolute Sein Gottes. Ihre Denkgewohnheit fanden sie in der Geschichte vom brennenden Dornbusch wunderbar bestätigt. Hinter den vielen Einzelaspekten des täglichen Lebens und hinter der Fülle menschlicher Erkenntnis hatten sie die Idee des Seins erkannt und mit Gott gleichgesetzt. Hatte er sich nicht als der Gott »Ich bin« vorgestellt? Sie übersetzten (Vers 14) das hebräische »Ich *bin,* der ich *bin*« mit »Ich bin der Seiende« und identifizierten so den biblischen Gottesnamen mit dem philosophischen Gottesbegriff. Aber der Gott der Philosophie ist ein unpersönlicher Gott. Vor ihm fällt man nicht auf die Knie, um anzubeten. Ihn nimmt man in Gedanken gefangen. Dass Gott einen Namen hat, ist dessen scharfe Antithese. Die Namensnennung hebt das unpersönliche, transzendente Gottesbild auf.

Gott hat einen Namen

Jahwe ist Persongott, nicht Ortsgott. Bei Ortsgöttern wurde der Ort, an dem sie standen, zum Platz ihrer Gegenwart. Und die Götter vermehrten sich. An jedem Baum und Strauch, Fels oder See konnte einem Gott begegnen. Eigene Götter je einzelner Menschen. Dem entspricht der Privatgott unserer Tage. Ihnen gemeinsam ist das Verbot eines Anspruchs an jeden Einzelnen, an die Welt, geschweige denn an die Politik. Dagegen erhebt der Text Einspruch. Jahwes Reich und seine Macht sind nicht örtlich, auch nicht zeitlich beschränkt, sondern Jahwe überschreitet alle Kategorien. Jahwe ist nicht Ortsgötze und nicht Privatgötze, sondern Gott und Herr aller Menschen.

Die Frage, vor der wir zusammen mit Mose stehen, ist: Wie kann aus einer individuellen Gotteserfahrung eine universelle, mit anderen kommunizierbare Erfahrung werden? Überlegen wir, was das Erste ist, das Eltern ihren Kindern geben: einen Namen! Meist steht er bereits für das noch ungeborene Kind fest. Als Erstes denken Eltern daran, wie sie ihr Kind ansprechen wollen. Wir wünschen uns Beziehung zu den kleinen Erdenbürgern, freuen uns kolossal auf ihr Erscheinen und halten darum einen sorgsam gewählten Namen bereit. Bereits dadurch erfährt das Kind unsere Zuwendung. Und sein Name wird uns fortan für die Gemeinschaft mit ihm stehen. »Mensch« ist ein Begriff, der über den einzelnen Menschen nichts aussagt. Personen haben Namen. Erst der Name macht uns anrufbar und ermöglicht Beziehung. Bezeichnend ist darum, was uns das Selbstverständlichste zu sein scheint: Auch Gott hat einen Namen!

Gott der Herr

Namensgebung bedeutet aber auch Festlegung. Jahwe aber entzieht sich der Festlegung. Mose erhält die Antwort: Der »Ich bin«[12] hat mich zu euch gesandt. »Ich bin, der ich bin« klingt wie eine Abweisung. Es liegt darin etwas von Unmut über diese Art von Zudringlichkeit. Jahwe offenbart Mose seinen Namen, aber er gibt sich damit nicht in die Hände seines Volkes. »Ich bin, der ich bin« kann auch heißen: »Ich bin so da, wie ich da sein werde.« Jahwe verspricht seine Nähe, und doch bleibt da auch Spielraum. Indem er sich vorstellt, nimmt er sich bereits zurück. Er ist der Unbekannte in allem Bekannten. Der Verborgene im Offenbaren. Gott lässt sich nicht greifen. Bei aller Nähe bleibt Distanz.

Israel hat diesen Klang des Gottesnamens aufgegriffen, indem es mehr und mehr dazu überging, den Namen »Jahwe« nicht mehr zu nennen, aus Ehrfurcht vor dem Heiligen. In der hebräischen Bibel steht daher am Rand: Zu lesen für »Jahwe« ist Adonai. Luther hat das mit seiner Übersetzung nachgeahmt, indem er den Gottesnamen mit »Herr« übersetzt. Auch in der griechischen Übersetzung des Alten Testaments erscheint der Gottesname »Jahwe« nicht mehr. Etwas anderes ist jedoch die neuzeitliche Preisgabe des Jahwenamens zugunsten der allgemeinen Rede von Gott. Darin spiegelt sich kein Respekt gegenüber dem Heiligen, sondern Anpassung des Christentums an die Bedürfnisreligionen der modernen Gesellschaft. Doch kann von Offenbarung im biblischen Sinn nur dann die Rede sein, wenn der eine Gott beim Namen genannt wird. Schließlich läuft es auf die Leugnung aller biblischen Offenbarung hinaus, wenn wir darauf verzichten.

---

12 Nach dem Johannesevangelium findet die Dornbuschgeschichte in Jesus zu ihrem endgültigen Ziel. Denn er ist es, der den Gottesnamen völlig offenbart. Jahwe ist nicht weit weg, sondern mitten unter uns.

Der »Ich bin«

Bei den Israel umgebenden Völkern bedeutete die Namenskenntnis der Götter zugleich Verfügungsmacht über sie. Im Zauber spielt es bis heute eine wichtige Rolle, den Namen der beschworenen Dämonen und Geister zu kennen. Denn das Benannte ist das Gebannte. Solche Grenzüberschreitung weist Gottes Namensnennung kategorisch zurück. Wo sich Jahwe zeigt, bleibt das Gesetz des Handelns auf seiner Seite. Er wacht darüber, dass sein Name nicht missbraucht wird. Das verdeutlicht einzigartig der Ringkampf des Jakob mit Gott (1. Mose 32,23-33), wo er von ihm wissen will: »Was ist dein Name?«, und die Antwort erhält: »Was fragst du nach meinem Namen?«

Jakob ringt mit Gott, und Gott lässt sich halten. Aber seinen Namen gibt er nicht preis. Gott bleibt der Unentdeckte, der entweicht, der nicht gehalten werden kann. Gott segnet Jakob, aber er lässt ihm nicht seine Identität. Darauf weist vermutlich auch der andere, ältere Gottesname der Bibel hin: Elohim. Elohim ist Mehrzahlform von El. Der trinitarische Gott war damals noch nicht bewusst. Wenn wir wissen wollen, wer El (das heißt Gott) ist, wissen wir es immer noch nicht! Denn er ist der Elohim. Gott ist der radikal Eine, aber im Namen Elohim (Plural) wird auch deutlich, dass er es ist, der das Schema von Einzahl und Mehrzahl sprengt. Er ist nicht viele, sondern einer. Als der Eine ist er aber nicht begrenzt. Alles Göttliche ist er.

Für uns geht es um die Neuentdeckung des Heiligen inmitten allem Profanen. Die Sehnsucht danach ist groß. Wir wollen anbeten. Wenn nicht Gott, dann Götzen. Wir brauchen das Verehrungswürdige. Darum wird mit der Kommerzialisierung und Profanisierung des Religiösen viel Geld verdient. Was für die Menschen vergangener Jahrhunderte gewaltige Kathedralen waren, sind heute riesige Fußballstadien. Hören wir im Fußballrund Zehntausende Kehlen ihre Mannschaft feiern, begreifen wir etwas von der menschlichen Sehnsucht nach Anbetung. Bei

Pop-Großkonzerten findet sich das gleiche Phänomen. Die Tournee »History« von Michael Jackson beispielsweise war in Text und Bühnenshow die Verehrung einer (Pop-)Ikone. Bei seinem »Earth Song« rollte ein riesiger Panzer über die Bühne. Jackson stoppte den auf ihn zurollenden Koloss. Mit ausgebreiteten Armen, in gleißendem Licht, war er in diesem Augenblick der moderne Erlöser. Wenig später sank ein Soldat vor ihm auf die Knie und erfuhr von Jackson Absolution.

Der Name über alle Namen

»Ich bin's!«, ruft Jesus in der Nacht seinen angstvoll in die Dunkelheit starrenden Jüngern zu. Auf dem stürmischen See meinen sie, ein Gespenst zu sehen (Matthäus 14,22-33). Doch es ist der Gott der Väter, der Gott der Befreiung Israels, der ihnen in Jesus entgegenkommt. Solche Gottesoffenbarung, weil sie wirklich Offenbarung ist, können wir nicht ins Werk setzen. Am Wunderbericht interessiert nicht, wie es Jesus anstellte, über das Wasser zu gehen. Das Wunder der Offenbarung lässt sich nicht erklären: Gottes Herrlichkeit wird darin proklamiert! Von Gott reden, das können wir nur, weil er selbst geredet hat! Das ist die Achse aller Verkündigung Gottes im Alten und Neuen Testament. Im Kampf gegen Verzweiflung und Ungerechtigkeit, im Kampf gegen Krankheit und Krieg, Verfolgung und Knechtschaft, Hunger und Dürre, Katastrophen und Unglücke. »Ich bin's«: Das ist die Botschaft, Schlüsselwort des Evangeliums! Jesus macht uns Gott bekannt. In ihm sehen wir Gott, in ihm spricht sich Jahwe aus.

Anregungen
zum persönlichen Gebrauch und Gruppengespräch

Gottes Leidenschaft, sein Einsatz, seine Liebe und Wirken gelten den Leidenden. Denn »der Sohn Gottes ist auf die Erde gekommen, um die Werke des Teufels zu zerstören« (1. Johannes 3,8). Das ist etwas anderes, als Menschen durch den Glauben etwas mehr Wellness zu versprechen. Auftrag der Gemeinde Jesu ist es nicht, Scharen strahlender Leute zu sammeln, sondern einen Sklavenzug verletzter, versehrter, entkräfteter, beladener Menschen anzuführen.

Wen Gott aus der Gefangenschaft führt, der nimmt andere mit! So formte Gottes Berufung zur Freiheit viele unterschiedliche Menschen zu einem Volk: »Die Israeliten brachen von Ramses auf und zogen nach Sukkot. Es waren etwa sechshunderttausend. Auch eine erhebliche Zahl von Fremden schloss sich ihnen an.« Wen wollen Sie mitnehmen?

Wenn Gott sagt: »Ich habe euer Klagen gehört, und euer Schreien ist vor mein Ohr gedrungen«, dann dürfen wir vor diesem Geheul nicht unsere Ohren verschließen. Leidenschaft bedeutet auch Trauer und Traurigkeit. Die Trauer lässt uns die Tiefe unserer Liebe spüren. Wer nicht trauert, hat keine Liebe.

»Der Geist des Herrn hat von mir Besitz ergriffen, weil er mich gesalbt und bevollmächtigt hat. Er hat mich gesandt, den Armen gute Nachricht zu bringen, den Gefangenen zu verkünden, dass sie frei sein sollen, und den Blinden, dass sie sehen werden. Den Misshandelten soll ich die Freiheit bringen, und das Jahr ausrufen, in dem sich der Herr seinem Volk gnädig zuwendet« (Lukas 4,18-19).

Identifizieren Sie die von Jesus genannten Personengruppen mit drei Beispielen aus Ihrer Nachbarschaft.

Jesu Freundlichkeit erfährt nicht, wer die Heiligkeit Gottes vergisst. Ein erhebliches Defizit geistlichen Lebens besteht darin, vor diesem Zusammenhang die Augen zu verschließen. Christus wird als König angebetet und verehrt als der Kyrios, der Herr des Himmels und der Erde (1. Timotheus 6,15). In der Johannesoffenbarung wird darum das geschlachtete Lamm als Retter gepriesen (Offenbarung 5). Und der Heilige Israels (Sprüche 12,6; Hosea 11,9; vgl. Markus 1,24; Johannes 6,69), dem kein Mensch nahen darf noch kann (Richter 13,22; Hebräer 12,18-25), ist unser liebender Abba-Vater (Römer 8,15).

Warum haben wir im geistlichen Leben und in der christlichen Unterweisung oft auseinandergenommen, was untrennbar zusammengehört?

Ich glaube nicht an die Freiheit, die westlicher Kapitalismus verspricht.

Ich glaube nicht an einen namenlosen Gott.

Wen Jesus stehen lässt

Die gebildeten Männer, Pharisäer und Sadduzäer, wollen wissen, wer Jesus ist. Sie hatten Theologie studiert und kannten sich in den heiligen Schriften aus. Sie wussten um die Geschichte Gottes mit seinem Volk, wie er es während der Wüstenwanderung begleitet hatte, wie es schließlich sesshaft wurde und ein mächtiges Volk – und dann alles verlor. Die Männer, die da Jesus auf die Probe stellen, wissen aber auch um die Verheißung: Der Messias würde kommen, um das Volk zu erlösen. Doch die Männer können und wollen nicht glauben, dass Jesus dieser von Gott gesandte Messias ist.

> Amen, ich versichere euch: Ihr sucht mich nicht, weil ihr meine Wunder als Zeichen verstanden habt, sondern weil ihr von dem Brot gegessen habt und satt geworden seid.
>
> Johannes 6,26

Welcher Gott ist der richtige?

Der Reformator Martin Luther fragte ebenfalls nach Jesus. Er suchte Gottes Liebe, weil er den unbarmherzigen Richter fürchtete. Seine Entdeckung der Gnade Gottes veränderte nicht nur sein Leben radikal, sondern das Angesicht des gesamten Abendlandes. Luther hatte den rettenden Gott entdeckt. Heute fragen wir: Welcher Gott ist der richtige? Und: Kann es in dieser unbarmherzigen Welt einen Gott geben, der das alles zulässt? Wir lesen Berichte von ins Mittelmeer geworfenen Bootsflüchtlingen und sehen Bilder über das Elend der Straßenkinder in Bulgarien. Wir befassen uns mit der Überfischung unserer Meere und grotesken EU-Agrarsubventionen. Uns schockieren Dürre und Hunger in Äthiopien und Kindersoldaten im Sudan. Und wir wissen, dass wir dort unsere Finger mit im Spiel haben. Unsere Produktionsverfahren von Fleisch zerstören die heimischen Märkte afrikanischer Bauern. Hoch subventioniertes Schlachtvieh unserer Viehställe wird dort etwa halb so teuer zu Markte getragen, wie es ein einheimischer afrikanischer Bauer zum Verkauf anbieten kann. Wir verbrauchen Berge von Getreide zur Gewinnung von Treibstoff, um den Benzinpreis um wenige Cent zu drücken und (angeblich) das Klima zu retten. Gleichzeitig fehlt weltweit Millionen von Menschen das Geld, sich Getreide zu den von uns gezahlten Preisen zu beschaffen. Auf dem Weltmarkt haben die Armen das Nachsehen.

Womit wollen wir unser Handeln rechtfertigen? Und ist es angesichts dieser und ungezählter weiterer Beispiele ökologisch-ökonomischer Unvernunft sinnvoll, nach Gott zu fragen? Wie kann er das alles, wenn es ihn gibt, mit ansehen? Die Frage verbietet sich, wenn wir unsere menschliche Vernunftbegabung ernst nehmen. Schuld sind wir! Tatsächlich wird aber Gottes Existenz mit diesem Argument infrage gestellt. Vielfach sogar von intellektuell aufgeschlossenen Menschen. Vielleicht deshalb, weil es unerträglich ist, die Einsicht in das Scheitern unseres Handelns zu ertragen? Die Millenniumsziele der G-8-Staaten werden schon im dritten Jahr nach ihrer Beschlussfassung um Längen verfehlt. Nie zuvor gab es mehr Hunger in der Welt als heute, nie zuvor verbreitete sich Aids schneller als heute, nie zuvor erhielten weniger Kinder Schulbildung als heute, nie wurde das Erdklima stärker vom Menschen verändert als heute.

Gott unter uns?

Ob bei den Pharisäern und Sadduzäern, bei Luther oder uns – immer noch geht es um das gleiche Anliegen: Gottes Wirklichkeit unter uns. Die Frage ist dieselbe geblieben. Jesus, bist du der Messias, bist du der Sohn Gottes? Wenn Christus der lang erwartete und heiß ersehnte Messias der Juden und der König *aller* Menschen ist, dann sollten wir an ihn glauben, unser Leben an ihm ausrichten und darauf vertrauen, dass er uns mit Gott in Ordnung bringt. Wenn Jesus nicht der Messias ist, ist es schlussendlich egal, woran wir glauben.

Auf diesem Hintergrund erzählt uns Matthäus 16,1-4 eine merkwürdige Begebenheit:

1 Die Pharisäer und Sadduzäer kamen zu Jesus, um ihn auf die Probe zu stellen. Sie verlangten von ihm ein Zeichen vom Himmel als Beweis dafür, dass er wirklich von Gott beauftragt sei. 2 Aber Jesus antwortete ihnen: »Wenn der Abendhimmel rot ist, dann sagt ihr: Morgen gibt es schönes Wetter. 3 Und wenn der Morgenhimmel rot und trübe ist, sagt ihr: Heute gibt es Sturm. Ihr könnt also das Aussehen des Himmels beurteilen und schließt daraus, wie das Wetter wird. Warum versteht ihr dann nicht auch, was die Ereignisse dieser Zeit ankündigen? 4 Diese böse Generation, die von Gott nichts wissen will, verlangt einen Beweis; aber es wird ihr keiner gegeben werden – ausgenommen das Wunder, das am Propheten Jona geschah: Den Beweis werden sie bekommen!« Damit ließ er sie stehen und ging weg.

Da fragen diese frommen Männer nach Jesus – und er lässt sie stehen: dreht sich um und geht weg. Diese Reaktion war kaum zu erwarten, denn auch wir möchten doch überzeugt werden! Gib uns ein Zeichen deiner Gottheit, fordern die Männer Jesus auf. Legitimiere dich! Weise dich aus, damit wir an dich glauben! In der Frage schwingt Ärger mit: Jesus, spiel nicht mit uns Verstecken! Sehe ich mir die Nachrichten an, will ich das manches Mal ebenfalls ausrufen. Wo versteckt sich Gott? Warum soll ich bei alldem an Jesus oder überhaupt an irgendetwas glauben? Wenn die Welt nicht mit ihren Problemen und Ungezählte nicht mit ihrem Leben klarkommen, was unternimmst du dagegen? Was gibst du uns für ein Zeichen, dass du wirklich der von Gott beauftragte Messias bist, fragen die Pharisäer. Und Jesus? Er lässt sie stehen!

Beweise überzeugen nicht

Warum tut Jesus nicht irgendetwas so Überzeugendes, damit ihm alle vertrauen können? Weshalb geht Jesus nicht über unsere Krebsstationen und durch unsere Altenheime und befreit Menschen von ihren unsäglichen Qualen und ihrer Lebensmüdigkeit? Ist es wirklich verwerflich, wenn sich Ärzte entschließen zu tun, worum sich Gott offensichtlich nicht bitten lässt? Warum beweist sich uns Gott nicht? – Weil uns kein Beweis von seiner Liebe überzeugen kann!

Folgen wir den Berichten des Neuen Testaments, hat sich Jesus durch vielerlei Zeichen und Wunder beglaubigt. Er hat Menschen neue Hoffnung gegeben, setzte sich unerschrocken für die Rechte der Armen ein, war selber einer von ihnen, kümmerte sich um die sozial Schwachen und war ein Freund der Kinder. Alles kein Beweis? Jesus heilte Menschen, gab ihnen ihr verlorenes Augenlicht wieder, berührte und heilte ihren Aussatz, befreite Männer und Frauen aus Depressionen und Angstzuständen, half Gelähmten wieder auf die Beine, weckte Tote auf: alte Geschichten, antikes Weltbild, Wundergläubigkeit, Fieberfantasien? Jesus hat Ihr eigenes Leben bereichert, hat Sie Lebenssinn finden lassen, Sie von Schuld und Ihr Gewissen von Selbstvorwürfen befreit? Sie haben sich wieder mit Nachbarn und Familienangehörigen vertragen, teilen Ihr Geld mit denen, die weniger haben, achten die Zehn Gebote, erleben Jesu Nähe im Gebet, hören, wie er zu Ihnen spricht, und die Bibel zu lesen macht Sie froh? All das sind ebenfalls keine Beweise für Gottes Wirklichkeit und Jesu Gottessohnschaft. Und lebte die ganze Welt in Frieden und würde nirgends gelitten und würden alle satt: Gottes Wirken würden wir darin nicht erkennen.

Persönliche Deutungshoheit

Unsere Situation unterscheidet sich nicht wesentlich von der der Menschen damals. Um uns herum so viel Elend. Da zweifeln wir, dass Gott mitten unter uns ist. Jesus antwortet auf die drängenden Fragen mit einem Gleichnis. Ist der Morgenhimmel rot, sagt ihr, dass es Regen gibt. Ist der Abendhimmel rot, sagt ihr: Morgen gibt es schönes Wetter. Warum versteht ihr dann nicht, was die Ereignisse dieser Zeit ankündigen? Was waren das denn für Ereignisse? Es waren die gleichen, die wir heute sehen, in aller Welt um uns herum. Und es waren die Wunder, die Jesus damals wirkte, die er auch heute an uns tut und die doch nicht überzeugen. Was auch geschieht, alles lässt unterschiedliche Deutungen seiner Ursache zu. Nichts ist eindeutig. Wer die Augen verschließt, der sieht nicht, was zu sehen ist. Wer sie öffnet, sieht die Welt aus seiner Perspektive. Und wer mehr sehen möchte, aber nur mit seiner gewohnten Brille guckt, entdeckt auch nichts Neues. Sogenannte Beweise ziehen nur, wenn wir grundsätzlich bereit sind, daran zu glauben. Darum wurde Kopernikus nicht geglaubt, und darum akzeptierte Einstein das veränderte Weltbild nicht, das er selbst durch die Relativitätstheorie begründete.

Die meisten Menschen glaubten Jesus damals ebenso wenig, wie sie das heute tun. Die Zeichen, die Jesus tat, änderten daran nichts. Die Sadduzäer und Schriftgelehrten stellten weiter ihre Fragen, um Jesus ins Abseits zu drängen. Darum ließ er sie stehen. Die Männer wollten nicht überzeugt werden, sondern Jesus mit ihren Fragen in die Enge treiben. Diesem scheinheiligen Bemühen und unsinnigen Streit entzieht sich Jesus und weist die ausgesprochene Forderung mit einem merkwürdigen Hinweis zurück: *»Wie verkehrt sind doch diese Leute! Von Gott wollen sie nichts wissen, aber Beweise wollen sie sehen. Der einzige Beweis, den sie bekommen werden, entspricht dem, was mit dem Propheten Jona geschehen ist.«* Die Erzählung vom Propheten Jona schildert, wie er von einem großen Fisch im Meer verschluckt wurde und nach drei

Tagen wieder neu zum Leben fand, weil Gott dem großen Fisch befahl, Jona wieder an Land auszuspucken. Das soll der Beweis sein? Einen noch schlechteren kann man sich ja gar nicht mehr vorstellen. Das überzeugt doch nicht! Natürlich nicht – das kennen wir schon.

Vertraute Liebe

Was Jesus »Beweis« nennt, muss anderer Art sein. Und er ist es auch. Die alttestamentliche Erzählung berichtet, dass Jona nach drei Tagen im Bauch des Fisches zu neuem Leben fand. Jesus starb und wurde begraben. Drei Tage lag er im Grab. Dann wurde er von seinem Vater zum Leben auferweckt und auferstand als der Christus. Der Vergleichspunkt zwischen Jona und Jesus ist das Leben! Leben, das den Tod überwindet. Dadurch ist Christus als Gottes Sohn beglaubigt. Und damit weist uns Jesus auf das eine und einzige Zeichen hin, das uns von Gottes Existenz überzeugen kann: Jesu Auferstehung von den Toten. Die Männer damals vertrauten Jesus nicht. Darum gaben sie vor, nach Beweisen zu forschen. Doch Vertrauen zu Jesus finden wir nur, wenn wir den Auferstandenen selbst suchen. Darüber bleibt das Leid dieser Welt zwar noch immer unbegreiflich, aber ich kann der Liebe Jesu glauben. Das ist wie mit der Liebe unter Menschen: Niemand liebt Mann oder Frau, weil sie Blumen schenken und Bett und Tisch mit einem teilen. Sondern wir lieben einander, weil wir einander vertrauen.

In der »Westdeutschen Allgemeinen Zeitung« las ich: »Vertrauen ist der Kitt, der alle Strukturen unserer Gesellschaft zusammenhält. Was wäre ein Unternehmen ohne das Vertrauen seiner Mitarbeiter, Kunden und Geschäftspartner? Wie könnte ein Mitarbeiter arbeiten, ohne das Vertrauen des Unternehmens zu genießen? Ob Handwerker, Ärzte, Politiker, Versicherungsvertreter, Banker, Lehrer: Jeder, der im öffentlichen Leben eine Rolle spielt, fordert Vertrauen ein. Und privat bedeutet dies: Ohne Vertrauen funktioniert keine zwischenmenschliche Beziehung. (...) Noch umfassender wird das Vertrauen, wenn Menschen an einen handelnden Gott glauben; im Christentum darüber hinaus an Jesus Christus samt seiner Güte und Fürsorge, seiner Auferstehung und Sündenvergebung. Dieses Gottvertrauen bewahrt Menschen vor der ganz großen Angst: vor der Angst vor Verdammnis und Untergang.«[13] Und: Vertraute reden miteinander! Das Gebet ist das Gespräch mit Gott. Beweise kann man nicht anbeten. Aber mit Christus kann ich reden. Vor Beweisen kann man nicht klagen, aber bei Jesus kann ich klagen. Und vor allem: Beweise können mich nicht lieben. Aber Christus liebt mich.

Doch ist das jetzt nicht allzu subjektivistisch und emotional argumentiert?

Was kann ich wissen?

Natürlich, wenn unsere Seele durcheinander und voller Misstrauen ist, fällt es schwer, sich Gott anzunähern. Andererseits ist es in Mode gekommen, den Glauben an Christus unter psychologischen und therapeutischen Gesichtspunkten zu beleuchten. Aber führt es bezüglich der Gottesfrage wirklich zum Ziel, wenn wir beim Menschen beginnen? Theologie ist ja nicht nur eine gesteigerte Form der Anthropologie oder ein Spezialfall der Seelenlehre. Wir finden Gott nicht auf dem Grund unserer Seele und auch nicht in unserer Vernunft. Beide menschlichen Sensoren sind hilfreich, um sich auf Gottes Spur zu setzen, doch erschließt sich uns Gott nicht über Einsicht.

Beginnen wir mit Grundlegendem. Hier haben wir beste Chancen, ein gutes Stück weiterzukommen. Allerdings könnten wir auch Antworten finden, die Gott so grundsätzlich infrage stel-

---

13 WAZ, Nr. 238/41. Woche 2008

len, dass wir nicht mehr länger an ihn glauben wollen. Bei allem, was ich über Gott und den Sinn des Glaubens denke, habe ich daher eine Entscheidung getroffen. Mein Urteil über Gott will ich mir in der Auseinandersetzung mit der Bibel bilden. Weil ich mich mit der Frage nach Gott als Christ befasse, will ich die Urkunde kennenlernen, durch die ich vom Glauben an den Gott der Juden und der Christen erfahren habe.

Skepsis macht unabhängig

Bestimmt ist es wertvoll und gut, sich mit anderen Christen über den Glauben auszutauschen und ihre Sichtweise auf bestimmte Fragen kennen- und verstehen zu lernen. Aber letztendlich ist die Meinung anderer für mein eigenes Urteil nicht zwingend. Maß gibt mir die Bibel. Sicher, was ich dort lese, muss nicht dem entsprechen, was andere oder ich selbst dort hineinlesen. Alles Bibellesen unterliegt unserer Deutung. Es gibt kein neutrales Verstehen, weil es immer durch unseren Verstand geordnet und durch unseren Erfahrungshorizont gefiltert wird. Gerade deshalb bin ich jedoch der Meinung, dass die Grundlage unseres Glaubens nur die Bibel sein kann. Denn dann müssen uns Argumente überzeugen, und Leute, die mit Blick auf die Bibelauslegung behaupten zu wissen, was richtig sei, können nicht mehr beeindrucken. Ihr Denken und Verstehen ist ebenso an ihre Person gebunden wie das meine an mich. In dieser Skepsis erfahre ich Freiheit – aber zugleich auch Begrenzung. Mir gefällt dabei gut, was der Apostel Paulus (1. Korinther 13,9.12) gesagt hat: Alle unsere Erkenntnis ist Stückwerk! Besonders stark finde ich diese Aussage, weil die Bibel zugleich entschlossen damit rechnet, dass uns Gott selbst durch seinen Heiligen Geist sein Wort verstehen lässt. Das geht also zusammen: Gottes Geist empfangen haben und dennoch irren!

Anregungen
zum persönlichen Gebrauch und Gruppengespräch

Welche Fragen sind euch im Gespräch mit Nichtchristen am häufigsten gestellt worden? Tauscht euch darüber aus, wie ihr auf die Einwände eingeht.

- Die biblischen Geschichten und Wunder von Jesus sind alle erfunden. Warum soll ich an einen solchen Unsinn glauben?

- Es ist doch längst bewiesen, dass die Welt aus dem Urknall entstanden ist!

- Wie kann Gott, wenn es ihn gibt, so viel Leid auf der Welt zulassen?

- Die Kirche überzeugt mich nicht. Die hat Kreuzzüge und andere Verbrechen begangen!

- Jede Religion will doch eigentlich dasselbe. Warum bekriegen sie sich dann gegenseitig?

Was können wir praktisch dazu beitragen, dass Bekannte und Freunde Jesus Christus kennenlernen?

Hat euch schon einmal ein Nichtchrist gefragt, wie er bei Gott Gnade und Vergebung finden kann? Angenommen, Mose oder Martin Luther würden heute leben: Welche Botschaft aus der Bibel würden sie für unsere Mitmenschen hervorheben?

Tragt populäre Filme und Liedtexte (englische Liedtexte übersetzen) zusammen, die das Thema von Erlösung und Erlösern thematisieren. Was sagen die Texte und Dramaturgien über die Bedürfnislage unserer Mitmenschen aus?

Ich glaube nicht, dass menschliche Erfahrung von Gottes Wirklichkeit überzeugen kann.

Ich glaube nicht, dass uns unsere Gefühle und Vernunft zielsicher zu Jesus führen.

Ich glaube nicht, dass uns irgendein Geschehen oder Beweis von Gottes Liebe überzeugen kann.

Der fremde Gott

Die Angst vor Schmerz und unliebsamen Entdeckungen aus zurückliegender Zeit sitzt tief in uns. Viele unserer Widerstände gegen Gott haben darin ihre Ursache. Sie leben unberührt von unserem freien Willen wie eine zweite Seele in unserer Brust. Prägende Erfahrungen formten unsere Vorstellungen von Gott und der Welt.

> **Zerreißt eure Herzen und nicht eure Kleider und bekehrt euch zu dem Herrn, eurem Gott!**
>
> Joel 2,13

Gleich wie und wer wir heute sind, immer trugen dazu eine Vielzahl von Einflüssen bei. Das bleibt ein unverrückbarer und nicht rückgängig zu machender Tatbestand unseres Lebens. Doch unsere Einstellung zu diesen querliegenden Empfindungen können wir durch Verstand und Verstehen verändern. Die biblischen Aussagen von Gottes Zorn gehören dazu.

Darf Gott zornig sein?

Bei dem Thema wird sich mancher spontan unwohlfühlen. Soll jetzt Angst gemacht, mit Gottes Gericht gedroht und unser Versagen an den Pranger gestellt werden? Anderen klingt die Rede von Gottes Zorn allzu rigoros und unversöhnlich. Wie lässt sich der zornige Gott mit dem liebenden Vater und erbarmenden Jesus verbinden? Ist für Christen der zornige Gott nicht erledigt, weil Christus gekommen ist? Demnach gehört der zornige Gott zum Gottesbild des Alten Testaments und hat mit dem Neuen Testament nichts zu tun. Unter das Missbehagen mischt sich weitere Skepsis. Kann es sein, dass wehrlose Menschen unter Gottes Gericht zu leiden haben? Darf Gott sich gegen Menschen stellen? Darf Gott zornig sein?

Gottes Zorn wird im Alten Testament nicht psychologisch interpretiert, sondern theologisch im Verhältnis zu Jahwes Bündnistreue reflektiert. Im Neuen Testament wird Gottes Zorn im Horizont des Neuen Bundes durch Jesus Christus thematisiert. Hier wie dort hat sich Gott Menschen zu seinem Eigentum erwählt, von denen er Gehorsam verlangt. Doch vielfach wandten sich die Israeliten von Gottes Geboten und Willen ab und verspielten dadurch seine für den Fall der Bündnistreue zugesagte Fürsorge. Damit sind wir bereits bei der Schlüsselfrage, um die es bei der Rede von Gottes Zorn geht: *Bleibt Gott treu, auch wenn das ungehorsame Volk den Bund mit Füßen tritt?* Steht Gott zu seiner Verheißung, und überwindet seine Liebe die Ablehnung der Erwählten? Hält Gott sein Wort auch dann noch, wenn Israel wortbrüchig wird? Dieses Spannungsverhältnis beschreibt die Bibel ausführlich, und davon erzählen detailliert die Geschichten einzelner Menschen. Die Antwort auf die Frage nach Gottes Treue fällt dabei positiv aus. Sie lautet: Israels Geschichte ist der Beweis von Jahwes Verlässlichkeit.

Prophetische Geschichtsdeutung

Gottes Zorn kündigt seinen Bund mit den Menschen nicht auf, sondern erhält ihn. Es ist geradezu übermenschlich, dass Israel diesen Glauben über die Jahrtausende seines Bestehens festgehalten hat, durch alle Schrecken hindurch, die ihm widerfuhren. Dazu mögen dem Volk Worte wie dieses geholfen haben, jedenfalls findet es sich mit der Existenz des Staates Israel bis zum heutigen Tag bestätigt: »Israel, selbst wenn dein Volk so zahlreich wäre wie der Sand am Meer, nur ein kleiner Rest wird zurückkehren. Dein Untergang ist beschlossene Sache; er kommt wie eine Flut und schafft dem Recht Geltung. Der Herr, der Herrscher über die ganze Welt, ist fest entschlossen, dich zu vernichten vor den Augen aller Völker« (Jesaja 10,21-23). Hier wird nun allerdings auch erkennbar, wie verheerend sich Geschichtsdeutung auswirken kann, die nicht dem prophetischen Geist Gottes entsprungen ist, sondern dem Wahnsinn antijudaistischer Propaganda. Was in den verblendeten Köpfen und von Hass beherrschten Herzen heutiger Feinde der Juden und des Staates Israel vor sich gehen mag, ist in unserer Geschichte nachzulesen. Nationalsozialisten und »Deutsche Christen« rechtfertigten ihren Terror an Gottes Volk: »Die entscheidende Offenbarung Gottes ist Jesus Christus. Urkunde dieser Offenbarung ist das Neue Testament (...) das Alte Testament hat nicht den gleichen Wert. Die spezifisch jüdische Volkssittlichkeit und Volksreligion ist überwunden (...) Wir erkennen also im Alten Testament den Abfall der Juden von Gott und darin ihre Sünde. Diese Sünde wird vor aller Welt offenbar in der Kreuzigung Jesu. Von daher lastet der Fluch Gottes auf diesem Volke bis zum heutigen Tage.«[14]

Mit Erlöschen des alttestamentlichen Prophetentums ist heutige Geschichtsdeutung außerordentlich problematisch, wenn nicht ganz unmöglich. Die apokalyptischen Texte des Neuen Testaments mögen zwar in uns den bestimmten Eindruck wecken, vieles von dem, was wir an politischen und gesellschaftlichen Entwicklungen vor Augen haben, zu verstehen. Doch müssen wir kritisch feststellen, dass alle Deutung der Offenbarung irrte, die Konkretes voraussagte. Ungezählte Christen kündigten Ereignisse an, ohne die Gabe des prophetischen Geistes Gottes zu haben. Die tatsächlichen Geschichtsverläufe haben sie Lügen gestraft und als falsche Propheten ausgewiesen. Es bleibt unerträglich, wenn heutige Geiseln der Menschheit wie Aids, Krankheiten, Kriege und Natur- und Hungerskatastrophen als Strafhandeln Gottes an den betroffenen Menschen interpretiert werden. Die daraus resultierende falsche Beruhigung hat Lieb-

---

14 Gegen diese und andere Thesen der »Deutschen Christen« formulierte die »Bekennende Kirche« (der u.a. Dietrich Bonhoeffer angehörte), die »Theologische Erklärung zur gegenwärtigen Lage der Deutschen Evangelischen Kirche«; Barmer Theologische Erklärung, Neukirchen 1984, S. 34.

und Tatenlosigkeit zur Folge, die dem Auftrag Jesu für seine Gemeinde widersprechen.

Lese ich von Gottes Zorn in der Bibel, fühle ich in mir unwillkürlich abwehrende Emotionen aufsteigen. Gefühle am richtigen Platz sind sehr hilfreich, aber sie können auch den Blick auf Realitäten und Inhalte verstellen. Grundsätzlich verabscheut die Bibel jeden Blutrausch, das Morden und unbeherrschte Wut. Deshalb ist es so schwierig, in der Bibel beides nebeneinander zu sehen oder, noch mehr, beides miteinander zu verknüpfen. Nehmen wir daher eine grundlegende Feststellung vorweg: *Nach biblischem Verständnis ist Gottes Zorn keine Frage unserer moralischen Bewertung, sondern eine Tatsache, mit der sich Gott strafend um das Böse in der Welt kümmert.*

Gott außer Kontrolle?

Am häufigsten ist in der Bibel von Gottes Zorn die Rede, wenn er sich gegen äußere Feinde seines erwählten Volkes Israel wendet. Sacharja 8,2.8 berichtet davon: *»So spricht der Herr, der Herrscher der Welt: Ich bin voll brennender Liebe zur Zionsstadt, ich setze mich für sie ein und lasse ihre Feinde meinen Zorn spüren (...) ich bringe sie heim und lasse sie in Jerusalem wohnen. Sie sollen mein Volk sein, und ich will ihr Gott sein in unwandelbarer Treue.«* Gottes Zorn gegen die Feinde Israels unterstreicht seine Treue gegenüber seinem erwählten Volk. Dieser Sicht liegt die Überzeugung zugrunde, dass gottloses Tun böses Ergehen nach sich zieht, welches Gott über die Völker bringt. Droht er den Völkern Gericht an, so ist es durchgehend Folge ihres eigenen bösen Tuns. Die Ursachen wirtschaftlicher und kriegerischer Katastrophen früherer und heutiger Zeit werden nach profanem Geschichtsverständnis als Folge menschlichen Handelns begriffen. Nach biblischem Verständnis sucht darin zuweilen auch Gottes Zorn die Völker heim. Er schreitet ein, um seinem schwachen und unterdrückten Volk zu Hilfe zu kommen. Wie Gott jedoch mit den

Fremdvölkern verfährt, so handelt er auch an seinem Eigentums-volk. Gottes Zorn richtet sich dann gegen Sünde und Frevel Israels: *»Ganz Israel hat sich gegen dich aufgelehnt und deine Gebote missachtet. Darum traf uns der Fluch, mit dem im Gesetzbuch deines Dieners Mose jeder bedroht wird, der dir nicht gehorcht. Du hast Unheil über Jerusalem gebracht, das unter dem Himmel seinesgleichen sucht; aber du hast damit nur wahr gemacht, was du unseren Königen und führenden Männern für den Fall unseres Ungehorsams angedroht hattest«* (Daniel 9,11-12).

Gottes Strafgericht offenbart seinen Zorn (Vers 16) und be-wahrt eigenartigerweise darin seine Bündnistreue gegenüber sei-nem Volk. Er will die ihm verbundenen Menschen weder einer fremden noch ihrer selbst verschuldeten Bedrohung preisgeben. Gott zürnt, damit sein Volk zu ihm umkehrt. Er will es zurück-bringen unter seine segensreiche Ordnung und seinen heilvollen Willen. Selbst wenn nur ein kleiner Rest des Volkes umkehrt, so wird sich dieser auf Gott stützen, ihm treu bleiben und sei-ne Treue erfahren. Dann lässt Gott von seinem Strafgericht ab, denn nicht völlige Vernichtung ist sein Anliegen, sondern sein Volk zu erhalten (Jesaja 10,25): *»Nur noch einen ganz kleinen Au-genblick, dann kehrt sich mein Zorn von euch ab und wendet sich gegen Assyrien.«* Weder Sadismus noch Gleichgültigkeit bestimmen das Handeln Gottes, wenngleich die erschreckenden Geschehnisse genau das vermuten lassen. Bedenken wir, dass die Propheten fühlten wie wir und teilweise von den Schreckensszenarien un-mittelbar persönlich betroffen waren! Dennoch entsagten sie sich einer wertenden Beurteilung der Geschehnisse. Ihre Erkenntnis lautet: *Gottes Zorn ist nicht affektgesteuert oder willkürlich, sondern zielgerichtete Reaktion auf unser Tun.*

Gottes Zorn und unsere Wirklichkeit

Wenn Gott zürnt – und zornig ist er auch im Neuen Testament –, dann hat das unmittelbar mit unserer Schuld zu tun. Wir liegen falsch, wenn wir meinen, unsere Schuld und Abwendung von Gottes Geboten fielen nicht auf uns zurück. Ein bildlicher Vergleich mag helfen, das zu verstehen. Stellen wir uns vor, unter einer Palette mit Zementsäcken zu stehen, die sich löst und auf uns herabstürzt. Dann geschieht das Wunder, denn die auf Sie herabstürzende Last erschlägt Sie nicht! Wenn die schwere Last unserer Schuld auf uns herabfällt, ist es, als ob Christus sie für uns abfängt. Sie schlägt ihn zu Boden und wir überleben. Christus bewahrt uns vor den tödlichen Folgen unserer Sünde. Aber die Last unserer Schuld wird uns dennoch verletzen können, denn Schuld ist keine rein geistliche Angelegenheit. Die Folgen unseres Fehlverhaltens können sehr manifest sein. Wir erfahren das in dem Schaden, den wir dadurch spürbar und konkret nehmen. Sündigen wir, trifft uns Gottes Zorn in den Folgen unseres Fehlverhaltens. Deshalb muss Gott nicht übernatürlich in unser Leben eingreifen. Kriege, Hunger, Deportationen, Krankheit, Seuchen und Plagen, die in der Bibel mit Gottes Zorn in Zusammenhang gebracht werden, sind ja ebenfalls keine wundersamen, übernatürlichen Geschehnisse. Und dennoch erkannten die Propheten darin Gottes Strafgericht an seinem Volk.

Betrachten wir die Folgen persönlichen Fehlverhaltens oder kollektiver Verfehlung unter dem Aspekt von Gottes Zorn, werden wir an Römer 1,18 verwiesen: »*Alle Menschen sind nämlich dem Gericht Gottes verfallen und dieses Gericht beginnt schon offenbar zu werden. Sein heiliger Zorn wird vom Himmel herab alle treffen, die Gott nicht ehren und seinen Willen missachten. Mit ihrem verkehrten Tun verdunkeln sie die offenkundige Wahrheit Gottes.*« Als Christen sind wir diesen Schrecknissen ebenfalls unterworfen. Theologisch geht es dabei nicht um ein Aufrechnen von individueller Schuld gegen Strafe, sondern darum, dass die ganze Welt umfangen ist von der Macht der Sünde. Darum gibt es für Christen keine Garantie, dass uns das menschliche Leid dieser Welt nicht treffen wird. Verpestete Luft atmen wir alle gleichermaßen ein, Klimawandel trifft unbedingt jeden, mit Krankheiten ist es ebenso und schlussendlich mit allem Unrecht. In den daraus erwachsenden Folgen trifft uns Gottes Zorn.

Gottes Zorn ist daher sowohl eine individuelle als auch eine universale Realität in unserem Leben. Das im Alten und Neuen Testament beliebte Rückschlussverfahren, von individuellem Schaden Einzelner auf Gottes Strafe zu schließen, ist uns durch Jesus verboten. Aber die Folgen unseres Handelns bleiben eingeflochten in ein uns undurchschaubares, allgemeines Strafverhängnis der Sünde. Gottes Zorn ist nicht mit dem Opfertod Jesu für uns abgetan oder erledigt. Er bleibt über allem ungerechten, bösen Tun bestehen. *»Weil sie es verwarfen, Gott zu erkennen, überließ er sie ihrem untauglichen Verstand, sodass sie alles Verwerfliche tun«* (Römer 1,28-32). Mit einem Wort: *Gottes Zorn durchbricht nicht unsere Wirklichkeit, sondern überlässt uns ihre Gestaltung.*

Gottes Zorn und unser Schuldbekenntnis

Das neunte Kapitel des Danielbuches (9,15f) ist dafür ebenso ein Beispiel wie Micha 7,9.18-20: *»Ich hatte gegen ihn gesündigt, deshalb bekam ich seinen Zorn zu spüren. Aber er wird mir auch wieder beistehen und mir zu meinem Recht verhelfen. Er wird mich aus dem Dunkel zum Licht führen; ich werde es erleben, dass er mich rettet. (…) Herr, wo sonst gibt es einen Gott wie dich? (...) Du hältst nicht für immer an deinem Zorn fest; denn Güte und Liebe zu erweisen macht dir Freude.«* Mit der Selbstanklage bzw. dem Bekenntnis der persönlichen Sünde begreifen wir Gottes Zorn als eines seiner Mittel, uns in der Gemeinschaft mit sich zu bewahren. Andere Mittel Gottes, uns bei ihm zu halten, sind seine Güte (Römer 2,4), seine Vergebungsbereitschaft (Johannes 8,10-11), seine Geduld (Römer 9,22) oder sein Großmut (Matthäus 5,45). Auf sie antworten wir mit Dank. Gott ist kein Tyrann, sondern sein Zorn ruft zur Umkehr. *»Herr, wir haben uns vielfach gegen dich vergangen! Unsere Verfehlungen klagen uns an, wir kennen unsere Schuld. Wir waren dir untreu und sind* *dir abtrünnig geworden, wir haben dir den Gehorsam verweigert. Wir haben unsere Mitmenschen erpresst und verleumdet. Wir haben gelogen und betrogen. (...) Der Herr hat dies alles gesehen, und es missfällt ihm, dass es kein Recht mehr gibt. Er wundert sich, dass niemand da ist, der dagegen einschreitet. Darum greift er mit eigener Hand ein und verschafft seinem Willen Geltung. (...) Seine Feinde bekommen seinen vollen Zorn zu spüren«* (Jesaja 59,12-13.15.18).

Jeder Vergleich hinkt, aber folgende Begebenheit kann verdeutlichen, was der fromme Jude in Gottes Zorn erkennt und glaubt. Eltern machen mit ihren Kindern eine Wanderung an ihrem Urlaubsort in den Bergen. Sie klettern durch eine steile Klamm. Unter ihnen donnert der reißende Gebirgsbach. Da löst sich ein Kind von der Hand der Mutter und beugt sich weit über ein vor den Abgrund gespanntes Drahtseil, um das wilde Spiel der Stromschnellen besser beobachten zu können. Das Kind erkennt nicht die akute Gefahr, in die es sich begibt, und überhört wegen des tosenden Wassers die erschrockenen und warnenden Zurufe der Mutter. Da springt sie herzu, fasst das Kind mit hartem Griff an seinem Arm und reißt es von der gefährlichen Absturzkante zurück. Der grobe Griff schmerzt sehr und das Kind weint. Doch im Nachhinein erkennt das Kind, in welche Gefahr es sich begeben hatte und vor welchem Unglück es die Mutter bewahrte: besser ein harter, schmerzhafter Griff als der tödliche Sturz in die Tiefe.

Der wundersame Tausch

Gottes Zorn schlägt uns eingebildete Sicherheiten aus der Hand, um uns so auf den Weg zu sich zurückzuführen. *»Ich bin voller Zorn auf euch, ich muss mir Luft verschaffen! Ich werde euch eure Feindschaft vergelten! Jetzt wende ich mich gegen euch und greife ein! Alle Schlacke unter euch werde ich ausschmelzen, damit ihr reines Silber werdet«* (Jesaja 1,21-25). Lernen wir unsere Krisen schätzen! Weichen wir ihnen nicht aus! Manchmal bringen uns nur Schmerzen zur Vernunft und Umkehr. Als Betroffene bedeutet dies eine mächtige Probe unseres Glaubens, nämlich uns unter Gottes Hand zu beugen. Wir vertun uns Chancen, wenn wir uns Gottes Urteil starrköpfig widersetzen. Gottes Zorn ist kein Produkt theologischer Konstruktion oder menschlicher Erklärungsversuche unerklärlichen Leids. Halten wir Glaube, der von Gottes Treue nicht lässt! Das wird an Jesu Leiden und Sterben besonders deutlich. Im Kreuzestod Jesu fand der Zorn Gottes seine unüberbietbare Steigerung. Angesichts seines »ungerechten« blutigen Leidens klammerte sich Jesus an Gottes Treue. Seine Ausrufe am Kreuz geben davon Zeugnis: »Mein Gott, mein Gott, warum hast du mich verlassen?«, und: »In deine Hände befehle ich meinen Geist.« Bei Jesu Kreuzesleiden ging es um den Kampf des Glaubens gegen den Zweifel im Angesicht von Gottes Zorn. In seinem Sterben überwand Jesus ihn, die Gottesferne und den Bruch menschlicher Gemeinschaftstreue. Jesus ließ von seinem Vater nicht, sondern glaubte ihm, dass er ihn von den Toten auferwecken würde. Und der Vater hielt seine Liebe uns gegenüber durch, weil er seinen Zorn über die Ermordung seines Sohnes nicht gegen uns wandte. Jesaja 53,4-5 beschreibt diesen wundersamen Tausch, wenn wir dort lesen: »Die Strafe für unsere Schuld traf ihn und wir sind gerettet.«

Gottes Strafgericht trifft nicht uns, die wir es verdient hätten, sondern es traf den Sohn, der die Strafe auf sich nahm. Gottes Zorn war dabei keine ungerechte Abrechnung mit seinem Sohn oder emotional motivierte Rache an einem Unschuldigen. Sondern Gott hielt und hält durch Jesu Tod auf unbegreifliche Weise unserem Nein stand. Er widersetzt sich dem Bündnisbruch. Alle, die nur noch auf Christus hoffen, sind endgültig in sein Bundesverhältnis mit eingeschlossen. *»Wenn etliche untreu gewesen sind, sollte ihre Untreue die Treue Gottes aufheben? Das sei ferne! Vielmehr muss Gott wahrhaftig sein, jeder Mensch aber ein Lügner«* (Römer 3,3f).

Paulus bringt das große »Aber« Gottes zur Geltung. Er zitiert aus verschiedenen Psalmen (Römer 3,10ff), die allesamt Klagepsalmen sind und Rettung aus Not erflehen. Das erinnert an die Selbstanklage bzw. das Schuldbekenntnis, die vielfach im Zusammenhang mit der Reflexion über Gottes Zorn stehen. So findet Paulus zu seiner Zielaussage: Gott greift in Christus selber ein und trennt uns durch sein endgültiges Urteil am Kreuz Jesu vom Fluch der Sünde und seinem Zorn (Römer 3,25f; 5,8f). Nicht vergeltender Zorn, sondern unbegreifliches Erbarmen ist der Zuspruch des Evangeliums. Gottes Zorn macht das Unrecht offenbar und bewirkt im Tod seines Sohnes zugleich die Lossprechung von aller Sünde. Gott steht treu zu seinen Verheißungen und zu seinem Versprechen, das jedem, der glaubt, unverdientes Leben schenkt. *Obgleich der Augenschein des Kreuzes Jesu der Liebe Gottes widerspricht, behält seine liebende Verheißungstreue das letzte Wort.*

Vertrauen statt Empörung

Gottes Zorn und seine Liebe schließen sich gegenseitig weder aus noch haben sie sich in Gottes Heilsgeschichte abgelöst. Tatsächlich bildet der Zorn Gottes das unverzichtbare Gegenstück zu seiner Liebe. Gottes Zorn ist quasi die eine Seite eines doppelschneidigen Schwertes, mit dem er um das Heil der Menschen kämpft. Gottes heilvolle Gerechtigkeit (Gnade) und seine strafende Gerechtigkeit (Zorn) gehören zusammen. Eindeutiger und eindrücklicher als im Kreuz Jesu finden sie nirgendwo zusammen. Denn Gottes Ziel war es nicht nur, Israel zu seinem auserwählten Volk zu machen, sondern alle Menschen aus allen Nationen, die ihm vertrauen würden. Gott hat den Bund mit seinem Volk nicht aufgekündigt, sondern hat ihn stattdessen auf alle Menschen in dem Neuen Bund ausgedehnt. Indem sich Gott den Menschen durch seinen Sohn verbunden hat, gab er uns nicht unserer Schuld preis. *Gottes Zorn erwächst nicht aus rachsüchtigen Motiven, denn er nimmt ihn mit Jesu Tod auf sich selbst.*

Vielfach missdeuten wir Gottes Zorn als Rachegefühl statt als unsere Rettung in letzter Sekunde. Trotzdem stellt Gottes Zorn den Glauben auf eine harte Probe. Im Schuldbekenntnis gibt darum der fromme Jude Gott recht und glaubt gegen den Zorn Gottes letztlich an seine Liebe. Ebenso hat sich Jesus in seinem Leiden und Sterben dem Vater anvertraut und damit dessen Liebe offenbart. Diese Zusammenhänge lassen ein Fazit zu: Ohne Vertrauen auf Christus bleibt Gottes Zorn unverständlich. Gottes Zorn erregt Empörung, wenn wir ihm in seinem Handeln nicht vertrauen. Das wächst mit der Einsicht in unsere persönliche Schuld. Ohne die Gewissheit unserer persönlichen Erwählung empfinden wir Gottes Zorn als widersprüchlich und bedrohlich. Deshalb ist die Botschaft von Gottes Zorn ein unverzichtbarer Bestandteil der Verkündigung, weil er zur Umkehr ruft und mit unserem unverdienten Freispruch endet.

Anregungen
zum persönlichen Gebrauch und Gruppengespräch

Israels Geschichte ist dem Volk Beweis für Gottes Verlässlichkeit. Bis heute ist Antijudaismus ein internationales Phänomen. Wo gibt es aktuelle Beispiele dafür, mit welchen Ursachen?

Gottes Zorn ist keine Frage unserer moralischen Bewertung, sondern eine Tatsache, mit der sich Gott strafend um das Böse in der Welt kümmert. Welche Vorwürfe tragen Sie Gott gegenüber in Ihrem Herzen, und welche Konsequenzen ziehen Sie für sich daraus?

Gottes Zorn ist nicht affektgesteuert oder willkürlich, sondern zielgerichtete Reaktion auf unser Tun. Welche Empfindungen haben Sie gegenüber Gott, wenn Sie sein Handeln nicht bejahen? Wie gehen Sie in Ihrer geistlichen Praxis damit um?

Gottes Zorn durchbricht nicht unsere Wirklichkeit, sondern überlässt uns ihre Gestaltung. Mit welcher Gruppe oder Initiative könnten wir uns verbinden, um in und für unsere Gesellschaft einen positiven Beitrag zu leisten?

Gottes Zorn ist eines seiner Mittel, uns in der Gemeinschaft mit sich zu bewahren. Meist betonen wir jedoch die sanften Mittel Gottes (Güte, Vergebung, Geduld …). Woher kommt diese Einseitigkeit und wozu führt sie?

Im Sterben Jesu offenbaren sich Gottes Zorn und zugleich seine erlösende Liebe. Obgleich der Augenschein des Kreuzes Jesu der Liebe widerspricht, behält mit Gottes Zorn über die Sünde seine liebende Treue das letzte Wort.

Gottes Zorn erwächst nicht rachsüchtigen Motiven, denn er nimmt ihn mit Jesu Tod auf sich selbst.

Ich glaube nicht, dass wir Gottes Handeln verstehen, indem wir ein moralisches Urteil über ihn fällen.

Ich glaube nicht, dass wir aus der ethischen Verpflichtung und politischen Verantwortung unseres Handelns entlassen sind.

Gottes Recht

Wir verstehen, weshalb viele Zuhörer Jesu mit ihm nicht einverstanden sind. Wir empfinden Gottes Freiheit, jeden Menschen mit Gnade zu beschenken, als ungerecht. Wir sind Gottes Güte gegenüber misstrauisch und verärgert, dass Jesus unsere Gedanken entlarvt. Wir möchten lieber für unser Tun belohnt werden, als unverdient von Gott etwas geschenkt zu bekommen. Und wir beharren lieber auf scheinbar berechtigtem Anspruch, als Unrecht zu dulden. Aber das war nicht der Weg des Jesus von Nazaret, und es ist auch nicht der Weg des auferstandenen Gottessohnes. Und also kann es auch nicht der Weg seiner Nachfolger bzw. der Gemeinde Jesu sein.

Ja, in unserer gegenwärtigen Zeit erweist Gott seine Gerechtigkeit, nämlich seine Treue zu sich selbst und zu den Menschen: Er verschafft seinem Rechtsanspruch Geltung und schafft selber die von den Menschen schuldig gebliebene Gerechtigkeit, und das für alle, die einzig und allein auf das vertrauen, was er durch Jesus getan hat.

Römer 5,26

Matthäus 20,1-15

1 »Wenn Gott sein Werk vollendet, wird es sein wie bei dem Weinbergbesitzer, der früh am Morgen auf den Marktplatz ging, um Leute zu finden und für die Arbeit in seinem Weinberg anzustellen. 2 Er einigte sich mit ihnen auf den üblichen Tageslohn von einem Silberstück, dann schickte er sie in den Weinberg. 3 Um neun Uhr ging er wieder auf den Marktplatz und sah dort noch ein paar Männer arbeitslos herumstehen. 4 Er sagte auch zu ihnen: ›Ihr könnt in meinem Weinberg arbeiten, ich will euch angemessen bezahlen.‹ 5 Und sie gingen hin. Genauso machte er es mittags und gegen drei Uhr. 6 Selbst als er um fünf Uhr das letzte Mal zum Marktplatz ging, fand er noch einige herumstehen und sagte zu ihnen: ›Warum tut ihr den ganzen Tag nichts?‹ 7 Sie antworteten: ›Weil uns niemand eingestellt hat.‹ Da sagte er: ›Geht auch ihr noch hin und arbeitet in meinem Weinberg!‹ 8 Am Abend sagte der Weinbergbesitzer zu seinem Verwalter: ›Ruf die Leute zusammen und zahl allen ihren Lohn! Fang bei denen an, die zuletzt gekommen sind, und höre bei den Ersten auf.‹ 9 Die Männer, die erst um fünf Uhr angefangen hatten, traten vor, und jeder bekam ein Silberstück. 10 Als nun die an der Reihe waren, die ganz früh angefangen hatten, dachten sie, sie würden entsprechend besser bezahlt, aber auch sie bekamen jeder ein Silberstück. 11 Da murrten sie über den Weinbergbesitzer 12 und sagten: ›Diese da, die zuletzt gekommen sind, haben nur eine Stunde lang gearbeitet, und du behandelst sie genauso wie uns? Dabei haben wir den ganzen Tag über in der Hitze geschuftet!‹ 13 Da sagte der Weinbergbesitzer zu einem von ihnen: ›Mein Lieber, ich tue dir kein Unrecht. Hatten wir uns nicht auf ein Silberstück geeinigt? 14 Das hast du bekommen, und nun geh! Ich will nun einmal dem Letzten hier genauso viel geben wie dir! 15 Ist es nicht meine Sache, was ich mit meinem Eigentum mache? Oder bist du neidisch, weil ich großzügig bin?‹«

Annahme schafft Veränderung

Die ersten Christen haben ihr Christsein als eine Religion der Angstüberwindung erfahren. Jeder bekommt, was er verdient – das war ihr Motto nicht. Sie lebten befreit von der permanenten Sorge um sich selbst. Sie kämpften nicht darum, bei allem, was sie taten, auf ihre Kosten zu kommen, und fürchteten keine Mächtigen. Weil sie ihr Recht bei Gott bewahrt sahen, waren sie bereit, um des Glaubens willen auf irdisches Recht zu verzichten. Der Glaube an Jesus Christus hatte ihre Eifersucht besiegt. Diese Freiheit und Furchtlosigkeit der Christen waren es, die andere anzog, auch wenn viele für diese Unabhängigkeit das Martyrium erlitten. Jesu Predigt und heilende Kraft ermöglichten ihnen eine völlig neue Haltung gegenüber der Welt. Sie konnten bei Jesus sein, und so war der Vater im Himmel bei ihnen. Jesus verkündete die Gute Nachricht, und diese Frohe Botschaft war mitten unter ihnen.

Die Pharisäer, Politiker und Theologen der damaligen Zeit waren dadurch sehr verunsichert. Gegen neue Lehren und Ideologien ließen sich Argumente heranführen. Eine intellektuelle Auseinandersetzung fürchteten sie nicht. Und wenn das nicht genügte, blieb ihnen das wirkungsvolle Mittel der Gewalt. Aber Jesu Frohe Botschaft stellte das vertraute Denkschema von Strafe und Belohnung infrage. Und die Menschen erlebten es so, wie er es sagte. Bei ihm fühlten sie sich verstanden und gut aufgehoben. Sie wurden nicht permanent nach Leistung und Recht beurteilt, sondern Jesus nahm sie brutto wie netto. Er nahm sie, wie sie waren. Er katalogisierte nicht nach gesellschaftlichem Status, Bildung, Verdienst, Mann, Frau oder Kind. Gegen seine liebende Art, den Menschen zu begegnen, halfen Argumente nichts. Gefühle sind stärker als Argumente! Und Liebe gewinnt Herzen mehr als Gedanken! Nicht Religion und religiöses Tun verbinden euch mit dem Vater im Himmel, sagte Jesus, sondern der Glaube an mich. Ohne mich habt ihr keine Gemeinschaft mit dem lebendigen Gott. Viele glaubten ihm, die Pharisäer und Schriftgelehrten misstrauten ihm: »Jesus, sage uns, mit welchem Recht sprichst du so von dir?«

Gottes Liebe gegen den Hass

Offenbar gibt es Fragen, zu deren Beantwortung ein entsprechendes Wissen allein nicht genügt. Sie verlangen eine persönliche Stellungnahme und persönliches Vertrauen. Solch eine Frage stellt Jesu Gleichnis. Fragen wir ihn: »Wie gerecht ist Gott?«, antwortet er mit einer Gegenfrage: »Wie barmherzig seid ihr?« Jesus wurden bei seiner Verurteilung keine Grausamkeiten angelastet. In den Augen des damaligen Klerus stiftete er Unruhe und wurde gefährlich, weil er die Leute zur Barmherzigkeit anleitete und zu einem Höchstmaß an Unabhängigkeit. Mit dieser Freiheitsbotschaft und Aussöhnungspolitik gewann er besonders unter armen und benachteiligten Männern und Frauen Einfluss. Die römische Besatzungsmacht richtete Jesus als politischen Aufrührer hin. Weil er nicht bereit war, der Staatsgewalt mehr als Gott zu gehorchen, musste er sterben. Die Bevölkerung Jerusalems stand der Kreuzigung überwiegend gleichgültig gegenüber. Manche zog die Sensationsgier zum Hinrichtungsplatz, andere waren wütend auf Jesus und seine Anhänger, wieder andere blieben dem Spektakel aus Gleichgültigkeit fern. Die Jünger Jesu waren ebenfalls nicht dabei. Sie hatte die Angst gepackt.

Jesu Kreuzigung zeigt uns, wohin unsere Sünde führt: zu einer Gerechtigkeit, die den Grundsatz »Auge um Auge, Zahn um Zahn« hochhält. »Gott aber schenkt uns unverdient, aus reiner Gnade, ewiges Leben durch Jesus Christus, unseren Herrn«, widerspricht das Evangelium (Römer 6,23). Austeilende Gerechtigkeit, bei der jeder bekommt, was er verdient, ist nicht Gottes Sache, denn »Gottes Gerechtigkeit« (Römer 3,21) ist keine juristische Kategorie. Darum geht es ihm bei dem Tod seines Sohnes auch nicht um ausgleichende Gerechtigkeit im Sinne einer Ausgleichszahlung. Gottes Anliegen ist sein Liebesverhältnis zu uns. In der Stichwort-Erklärung der Lutherbibel heißt es dazu: Gottes Gerechtigkeit bezeichnet Gottes »Heilshandeln am Menschen, das den Sünder in die Gemeinschaft mit Gott aufnimmt und ihm neues Leben schenkt«. Das in mörderischer Absicht vergossene Blut Jesu wurde unter der Hand Gottes zum Zeichen der Versöhnung. Aus dem Zeichen für Mord und Grausamkeit wird ein Symbol des Friedens. Darum hängt das Kreuz in Kirchen, und einige andere tragen es deshalb um den Hals. Darum hing das Kreuz früher einmal auch gut in den Schulen, Gerichtssälen und öffentlichen Gebäuden: als Symbol des Friedens gegen den Hass; als Zeichen, dass sich scheinbar unüberwindliche Gegensätze überbrücken lassen. Das ist die Symbolik des Kreuzes in seinem antiken Gebrauch, bevor es – lange vor den Römern – unter persischem Einfluss zum Foltergerät wurde.[15]

Ist Gott gerecht?

Viele sind innerlich empört und sträuben sich, das Kreuz Jesu als Erlösungszeichen anzusehen. Als ungerechten Handel tituliert, macht man sich nicht die Mühe hinzusehen. Um einen Handel geht es bei Jesu Tod nämlich wirklich nicht. Wenn uns zum Beispiel jemand fünfzig Euro stiehlt, ist das sicher ein materielles Unrecht. Doch der tiefere Schaden ist, dass unsere Beziehung dadurch entzweit ist. Die Versöhnung mit dem Schuldigen wird nicht dadurch wieder gut, dass ein anderer für den mir entstandenen materiellen Schaden aufkommt. Das Kreuz Jesu dürfen wir deshalb nicht im Sinne einer Schuld ausgleichenden Gerechtigkeit missverstehen. Unsere Sünde schadet nicht Gott, der deshalb auf Wiedergutmachung oder Ausgleichszahlung bestünde. Das Sterben seines Sohnes rechnet er nicht gegen das Leben vieler schlechter Menschen auf. Es geht bei Jesu stellvertretendem Tod nicht um Verrechnung von Leistung und Fehlleistungen. Damit würde sich eine Lohnordnung durchsetzen, welche die Versöhnung Gottes durch den Menschen (Jesus) erwartet. Aber nicht Menschen versöhnen Gott, sondern Gott selbst versöhnte uns mit sich, durch das Sterben seines Sohnes (2. Korinther 5,18).

Unsere Beziehungslosigkeit zu Gott Vater bewirkte den Tod seines Sohnes. Indem Gott dieses äußerste Unrecht duldete, über-

---

15 Arne Völkel, Das Kreuz. Zeichen für Tod und Leben, Lahr 2003

wand er unsere Trennung von ihm. Wir müssen fest im Auge und Herzen behalten, dass Jesus Gottes Sohn war. Er war es auch am Kreuz: wahrer Mensch und wahrer Gott, sagt das altkirchliche Bekenntnis. Der gemordete Gottessohn bewirkt unsere Versöhnung, weil sich der Vater im Himmel nicht an uns rächt, weil er von uns nichts zurückfordert, weil er keine Wiedergutmachung verlangt. Nirgends ist unsere Trennung von Gott klarer erkennbar als am Kreuz, und darum ist die Versöhnungsbotschaft Gottes auch nirgends klarer erkennbar als hier.[16]

Musste Blut fließen?

Blut vergießen bedeutet gewaltsam entrissenes Leben. Die übliche – an ein bestimmtes Ehrverständnis oder ein gewaltsames Rechtsverständnis gebundene – Reaktion darauf ist, wiederum Blut zu vergießen. In allen menschlichen Kulturen ist dies der gängige Lösungsansatz. Er wird als Volksrecht, Familienrecht, Sippenrecht, persönliches Recht, staatliches Recht hochgehalten: Gerecht ist Strafe, gerecht sind Vergeltung und Ausgleich, es gibt den gerechten oder den Heiligen Krieg. Gott widerspricht alldem! Der gewaltsame, ungesühnt bleibende Tod seines Sohnes ist dafür letztgültiger Ausdruck. Gott macht nicht die Gewalt zu seinem Recht, sondern seine Vergebung und Versöhnung! Seine Selbstbehauptung (bzw. seine Heiligkeit) zeigt sich darin, dass ihm etwas anderes einfällt, als draufzuschlagen und sich am Menschen zu rächen. Gottes Recht und seine Gerechtigkeit zielen auf die Wiederherstellung der von uns zerstörten Gemeinschaft. Gott ist gerecht, weil er unseren menschlichen Hass überwindet! Es geht bei der Kreuzigung Jesu weder um eine ausgleichende

---

16 Zum Sühnetodverständnis: Klaus Berger, Wozu ist Jesus am Kreuz gestorben?, Stuttgart 1998; Eberhard Jüngel, Das Evangelium von der Rechtfertigung des Gottlosen als Zentrum des christlichen Glaubens, Tübingen 1998; Rudolf Weth (Hrsg.) Das Kreuz Jesu. Gewalt, Opfer, Sühne, Neukirchen 2001

noch um eine austeilende Gerechtigkeit. Gott lässt nicht Gnade vor Recht ergehen, sondern Gottes Gnade *ist* sein Recht! In der Beziehung zwischen uns und ihm kommt alles allein auf Gott an! »Gottes Gerechtigkeit« ist nicht das Gegenteil seiner Liebe oder die Alternative dazu, sondern die Erfüllung seiner Liebe und Treue!

Martin Luther hat diesen fundamentalen Grundsatz im Neuen Testament neu entdeckt und die prägnante Formel »allein aus Gnade« (Epheser 2,8) zu einer der vier reformatorischen Grundsäulen[17] gemacht. Allein aus Gnade betont, dass im Leben und Tod Jesu Gott etwas für den Menschen tut – und nicht umgekehrt. Das ist die Kernbotschaft des Evangeliums von Jesus Christus. Gott nimmt sich das Recht, anders zu sein als wir: Er liebt bedingungslos! Mit dem Tod seines Sohnes macht er das allen Menschen bekannt. Seine Gnade ist sein Recht, das er gegen allen menschlichen und satanischen Widerstand durchsetzt. Bauen wir auf unsere eigenen Verdienste, mögen wir uns darüber ärgern. Setzen wir auf unsere Weisheit, können wir es für eine Dummheit halten. Aber Gott stellt uns in die Entscheidung, auf Christus zu vertrauen oder auf das alte Muster der Selbstbehauptung.

Die soziale Dimension des Kreuzes

Ein hartnäckiges Zerrbild vom Christsein meint, an dieser Stelle eine Ungerechtigkeit im christlichen Gottesbild feststellen zu müssen. Es missversteht die Vergebung der Sünden durch Jesu Tod am Kreuz als Freibrief für Fehlverhalten. Das Argument: Der bloße Glaube an das Versöhnungswerk Jesu kann unmöglich vor Gott mehr gelten als eine vorbildliche Lebensführung. Dieser Einwand ist berechtigt, wenn auch für aufrichtiges Christ-

---

17   Allein das Wort, allein Christus, allein durch Glauben, allein aus Gnade.

sein unzutreffend. Denn keinesfalls besteht der Glaube an Christus lediglich in einem Für-wahr-Halten seines stellvertretenden Todes. Wir verachten Gottes Friedensbemühung, wenn wir dem irdischen Vorbild Jesu nicht im eigenen Handeln nacheifern. Wir können Jesu Lehre gedanklich zustimmen, aber das ist ganz etwas anderes, als ihm nachzufolgen. Wir können eine Menge über ihn wissen und von ihm halten. Doch egal, was wir von Jesus zu wissen glauben, wenn wir ihn nicht mit seinem praktischen Anspruch auf unser Leben ernst nehmen, bleiben wir geschiedene Leute. Wir müssen Stellung beziehen, uns an seine Seite stellen, ein Leben nach seinem Willen wagen.

Gott ist gerecht, weil er Gemeinschaft unter Menschen fördert und fordert, Unrecht hinter sich zu lassen. Meinen wir das gestörte Verhältnis zwischen uns und Gott selber wiederherstellen zu können, nennt uns die Bibel selbstgerecht. Selbstgerecht sind Leute, die Gottes Zuspruch gegenüber eigenes Tun, eigenes Vermögen, eigene Leistung geltend machen. Selbstgerechtes Verhalten belastet menschliche Beziehungen, und Selbstgerechtigkeit verunmöglicht die Gottesbeziehung. Selbstgerechtigkeit tarnt sich häufig mit frommer Selbstdarstellung, so z.B. beim frommen Pharisäer (Lukas 18,9-14): »Gut, dass ich nicht so bin wie dieser Zöllner!«, oder wie die Gebildeten in Athen (Apostelgeschichte 17,16-34): »Na ja, ihr dummen, naiven Gläubigen.« Selbstgerechtigkeit ist eingebildete Überlegenheit. Dass Gott gerecht ist, zeigt sich ebendarin, dass er unsere Entscheidung für oder gegen Jesus in jedem Fall ernst nimmt.

Der gehörnte Liebhaber

Hosea 3,1-5

1 Der Herr befahl mir: »Nimm dir nochmals eine Frau und liebe sie – eine Frau, die einen anderen Mann liebt und wegen Ehebruch ver-

*stoßen ist! Denn genauso liebe ich die Leute von Israel, obwohl sie
sich anderen Göttern zuwenden und Presskuchen aus Rosinen lieben.«
2 Ich kaufte die Frau um fünfzehn Silberstücke und sechs Zentner
Gerste 3 und sagte zu ihr: »Für eine lange Zeit wirst du jetzt im Haus
bleiben und dich mit keinem Mann einlassen, und auch ich werde nicht
mit dir verkehren.« 4 Genauso wird es den Leuten von Israel ergehen:
Sie werden lange Zeit keinen König und keine führenden Männer haben, keine Opferstätten, keine geweihten Steinmale und keine Orakel.
5 Zuletzt aber werden sie umkehren, sie werden sich dem Herrn, ihrem
Gott, zuwenden und ihrem König aus der Nachkommenschaft Davids.
Sie werden dem Herrn voll Ehrfurcht dienen und alles Gute allein von
ihm erwarten. So geschieht es am Ende der Zeit.*

Eine Besonderheit alttestamentlicher Prophetie sind die prophe-
tischen Zeichenhandlungen, mit denen die Boten Gottes ihre
Aussagen verdeutlichten. Die Zeichenhandlung unterstreicht das
künftige Geschehen. Der Prophet Hosea und seine unglückliche
Ehe mit der Prostituierten Gomer stehen zeichenhaft für Gott
und sein treuloses Volk. Hosea litt sehr unter der Ehe mit seiner
Frau. Er war Prophet Gottes und sie war Tempelprostituierte im
Tempel des heidnischen Gottes Baal. So wurden Hoseas zerrütte-
te Ehe und er selbst, der vielfach gehörnte Ehemann, zu einem
Gleichnis. Das Verhältnis Israels zu seinem Gott sah nicht besser
aus. Jahwe, der sie aus ägyptischer Knechtschaft herausführte, mit
ihnen vierzig Jahre lang durch die Wüste zog, ihnen das verhei-
ßene Land gab und immer wieder Vergebung gewährte, ist in der
Verkündigung Hoseas der Betrogene, der gehörnte Liebhaber.

Er hat es mit Strafe versucht, mit Naturkatastrophen, Kriegen,
Seuchen – und noch viel mehr mit Liebe: Sein Volk ließ sich
nicht für ihn zurückgewinnen. Alles hat nichts gefruchtet. Kaum
ein anderer Prophet hat darunter so elementar gelitten wie Hosea. Schließlich hielt er es nicht mehr aus und trennte sich von
Gomer. Die Namen der Kinder, die Hosea mit seiner ehebre-
cherischen Frau hatte, weisen darauf hin: »Kein Erbarmen« und

»Nicht mein Volk«. »Denn ihr seid nicht mehr mein Volk und ich bin nicht mehr für euch da« (Hosea 1,6-9) – das war eine erschreckende Nachricht. Hatte doch Israel Gottes Versprechen durch Mose erhalten, als er sich ihm mit Namen vorstellte: »Ich bin Jahwe, das heißt, ich bin da, ich werde für dich da sein.« Nun soll das nicht mehr gelten? Hoseas prophetische Rede trifft ins Mark. Sie zieht einen Trennungsstrich, klar wie eine Scheidung. Gott macht Schluss mit Israel wie der Prophet mit Gomer. Sie wurde Besitz der Baalspropheten, der antiken Zuhälter vom Tempelbordell. – Und Israel?

Schluss – Ende – aus?

Beim Schlussstrich blieb es nicht. Noch immer hing Jahwe an seinem Volk. Er konnte nicht mit ansehen, wie es verloren ging. Gott liebte die Menschen in Israel, obwohl sie Presskuchen aus Rosinen aßen. Dabei ging es nicht um eine Kaffeetafel. Der Rosinenkuchen gehörte wie die Ornamente und Malereien der Tempelhuren zum Kult der Muttergöttin. Die Erwähnung des Rosinenkuchens in Hoseas Verkündigung verdeutlicht: Nur aus sinnlicher Genusssucht ließ sich Gottes Volk darauf ein – und ging leer aus. Wolle, Flachs und Korn zum Leben bekamen sie dadurch nicht. Soll heißen: Es füllte ihr Leben nicht aus, verschaffte ihnen kein Fundament, gab ihnen keine Existenzgrundlage. Aber Gott liebt die so ärmlich Verliebten. Er liebt uns, die wir ebenfalls vergessen haben, wie wichtig seine Zuwendung doch für uns ist.

Hoseas Verhalten entspricht dem Verhalten Gottes uns gegenüber. Er kann uns nicht vergessen, er will uns nicht unserem Unglück überlassen. So befiehlt Gott Hosea, seine Frau erneut zu heiraten. Dazu muss er sie für den Preis einer Sklavin freikaufen. Und Gott befiehlt Hosea, Gomer wieder zu lieben. Nach alttestamentlichem Recht war die Wiederheirat mit der geschiedenen Frau verboten. Aber die Zeichenhandlung des Hosea verdeutlicht: Es soll nicht endlos so weitergehen wie bisher. Was dem Gesetz unmöglich war, das tut Gott. So grenzenlos ist sein Erbarmen, dass er sein eigenes Gebot außer Kraft setzt, um seinem verlorenen Volk zur Hilfe zu kommen. Zunächst sieht es jedoch nicht danach aus, denn die Liebe stellt sich als Strenge dar. Gomer muss zu Hause bleiben. Das dient zu ihrem eigenen Schutz, damit sie sich nicht wiederum mit anderen Männern einlässt. Eine vergleichbare Absperrmaßnahme erwartet Israel in seiner Zukunft. Wird es umkehren, wenn alle anderen Völker es meiden?

Zunächst hatte Hoseas Frau von ihm nicht mehr als Worte und das Nötigste zu erwarten. An eheliche Gemeinschaft war noch nicht wieder zu denken. Viele Tage, also vorläufig, sollte Gottes Volk keinen König haben und keine führenden Männer, keine Opferstätten und Orakel. Israel verlor seine staatliche Ordnung und Souveränität, weil es glaubte, sein Leben unabhängig von Jahwe sichern zu können. Der verbotene Opferkult führte zu nichts. So war Gott nicht ins Haus zu holen, so stellten sie ihn sich nicht ins Zimmer. Im Staub sitzen sie, in dürrem Land, niemand gibt die Richtung vor. Mit einem Wort: Israel wird politisch und kulturell zur Wüste. Ihm werden die Genüsse des Kulturlandes in der Besatzungszeit genommen und das Land fremder Herrschaft und einem fremden König unterstellt. Danach, an jenem Tag, will Gott nach seinem Volk sehen.

Ein echter Neuanfang

Wie Hosea seine Frau, so will Jahwe sein Volk »wiederum« zu sich nehmen. Nicht weiterhin oder immerzu, sondern »wiederum«, denn nun beginnt etwas Neues. Die Strenge, die dem Volk begegnet, wird es wie Gomer zu einem Neuanfang führen. Es wird keine Scheinehe mehr sein und keine oberflächliche Liebschaft. Die Liebe, die Gott vom Propheten seiner untreuen Frau gegenüber erwartet, ist freiwillig, helfend und heilend. Hosea begreift die Liebe Gottes zu seinem Volk als Vorbild der von ihm geforderten Liebe gegenüber seiner ehebrüchigen Frau. Er holt sie zurück zu sich, er zahlt den geforderten Preis in Naturalien. Es fiel ihm nicht leicht, ihm fehlte das nötige Geld. Seine Liebe traf Gomer unverdient, aber für Hosea selbst war sie nicht billig zu haben. So ist, zeigt die Gleichnishandlung, Gottes Tun. Sein Mitleid mit uns ist grenzenlos, doch seine Liebe zu uns hat ihn einen hohen Preis gekostet. Die Geschichte des Hosea ist zeichenhaft und prophetisch mit dem Leidensweg Jesu verbunden. Denn auch seine liebende Absicht genügte nicht, uns zu erlösen. Er musste sein eigenes Leben für uns opfern. Gott selbst brachte sich für uns zum Einsatz.

Wir sagen: Er oder sie opfert sich für eine Sache auf. Liebe hat ihren Preis, weil jeder bezahlte Preis ohne Liebe nichts wert ist. So kommen Gottes Strenge und seine Liebe mit uns zum Ziel. Das Volk sucht seinen Gott, und sie »zittern hin zu ihm«, wie es wörtlich heißt. Es geht um einen elementaren Neuanfang! Nicht mehr äußerlicher Schmuck für den Hochzeitstag, sondern eine innere Erschütterung bringt die Wende. So erschüttert uns Gott manchmal bis ins Mark – damit wir (wieder) nach Hause finden!

Anregungen
zum persönlichen Gebrauch und Gruppengespräch

Gott ist gerecht, weil er dem Gesetz austeilender Gerechtigkeit widersteht.

Gott ist gerecht, weil er verlässlich ist.

Gott ist gerecht, weil er den menschlichen Hass überwindet.
Gott wählt nicht zwischen den Alternativen Gnade oder Recht, sondern seine Gnade ist sein Rechtsspruch über unseren Rechtsbruch.

Die beliebte Illustration von der Waage als Symbol für eine ausgleichende Gerechtigkeit Gottes ist theologisch fragwürdig.
Welche anderen Bilder oder Illustrationen kennt ihr, die geeigneter sind, das Geheimnis des stellvertretenden Todes Jesu auszudrücken?

Gott ist gerecht, weil er Gemeinschaft unter Menschen fördert und von uns fordert, Unrecht hinter uns zu lassen.

Gott ist gerecht, weil er unsere Entscheidung für oder gegen Jesus in jedem Fall ernst nimmt.

Gott ist gerecht, weil er sein Recht nicht gegen unsere Eigenverantwortung durchsetzt.

Bei Gott bekommt nicht jeder, was er verdient, sondern was Jesus uns schenkt.

Ich glaube nicht, dass Menschen gerechter und barmherziger sind als Gott.

Ich glaube nicht an eine austeilende oder ausgleichende Gerechtigkeit Gottes.

Ich glaube nicht, dass Menschen ein Urteil über die Erlösung anderer Menschen zusteht.

Ich glaube nicht, dass Vergeben und Versöhnen menschlicher Tugend erwächst.

Glaube im Test

Die Verteidigung des christlichen Glaubens ist etwas in Verruf gekommen. Wir fürchten am Glaubensstreit den Fanatismus. Und doch hat er auch heute sein Recht. Denn nach wie vor sind die Christen in der Minderheit und finden nicht überall Zustimmung. Sich mit kritischen Einwänden gegen den Glauben zu befassen dient daher dem persönlichen Gleichgewicht.

> Säet Gerechtigkeit und erntet nach dem Maß der Liebe!
>
> Hosea 10,12

Denn es ist unbefriedigend, mit Gott umzugehen, wenn wir unausgesprochen und verdrängt im Hinterkopf haben, dass man Gott nicht zu scharf und kritisch betrachten darf. Überlegen wir deshalb, wie sich der Glaube in der Vielzahl unserer Lebensbezüge bewährt.

Ist Glaube vernünftig?

Wie selbstverständlich gehen wir in aller Regel davon aus, dass das, was unsere Augen sehen, unsere Ohren hören und unsere Finger ertasten, sich so verhält, wie wir es wahrnehmen. Diese Auffassung wird als »Sensualismus« bezeichnet. Ihr nah verwandt ist der Empirismus. Empirie ist die Erfahrung. Der Empiriker geht davon aus, dass alle Erkenntnis über die Welt auf Sinneserfahrung beruht. Neben den Epikureern, Zeitgenossen des Paulus, vertrat in der neueren Philosophie vor allem John Locke (1632-1704) diese Position. Sein Wahlspruch lautete: »Im Geist ist nichts, was nicht vorher in den Sinnen war.« Das Gegenteil des Empirismus ist der Rationalismus. Er beschreibt den Verstandes- bzw. Vernunftstandpunkt. Die Ratio, das Denken, ist demnach das Einzige, worauf wir uns bei der Suche nach

Erkenntnis verlassen können. Begründer des Rationalismus war der französische Philosoph René Descartes. Er prägte den berühmten Satz: »Ich denke, also bin ich.« Descartes gelangte zu dieser Aussage, weil sich seiner Auffassung nach alles radikal bezweifeln lässt – ausgenommen die Tatsache der eigenen Vernunftbegabung, die ja überhaupt erst das Zweifeln ermöglicht. Mit dieser Philosophie verband sich folgerichtig der Anbruch des individualistischen Zeitalters, das den Menschen seine völlige Autonomie lehrte. Unter dem Einfluss dieser Überzeugung denkt und handelt die heutige westliche Welt und glaubt die westliche Kirche.

Betrachten wir die erwähnten unterschiedlichen philosophischen Ansätze, stellen wir fest, dass mit jeder Voraussetzung, die wir treffen, auch das Ergebnis beeinflusst wird. Das ist insofern paradox, als wir hoffen, unser Denken könne gesicherte, objektive Ergebnisse liefern. Und die meisten Menschen sind ebenso überzeugt, dass wir nur über die Welt der Gegenstände Genaues erfahren und wissen können. Voraussetzung dafür ist die Unterscheidung zwischen Beobachter und Objekt und zwischen subjektiv und objektiv. Das Subjektive setzen wir dabei meist mit unzuverlässig und unbeweisbar gleich und das Objektive mit faktisch, tatsächlich und nachprüfbar. Den Glauben siedeln wir in diesem Zusammenhang am ehesten bei der Kategorie subjektiv-unzuverlässig an. Denn Gott kann niemand sehen noch (er)messen.

Kritikfreie Zone?

Mir ist bewusst geworden, wie wenig die Eingrenzung auf den Wirklichkeitsbereich des Sichtbaren mit dem Glauben zu tun hat.[18] Ein Blick auf die Weltreligionen beweist, wie wenig Einig-

---

18 Das gilt nicht nur für den Bereich des Glaubens. Von dieser schmalen Erkenntnisplattform aus operieren neben den Theologen auch Psychologen oder Philosophen nicht.

keit auch über den unsichtbaren Gott besteht. Verschärft wird der Konflikt, weil nicht alleine die Bibel für sich in Anspruch nimmt, letztgültige Offenbarung Gottes zu verkünden. Jede Religion, insbesondere aber die monotheistischen Schriftreligionen, steht unter dem Verdacht, Gott mit ihren Dogmen gegen jegliche Kritik immunisieren zu wollen. In den Naturwissenschaften erlaubt die Wiederholung eines Experiments die Prüfung des Ergebnisses bei identischen Voraussetzungen. Der deutliche Unterschied zwischen der naturwissenschaftlichen »Beweisführung« und der theologischen Argumentation liegt in der möglichen Wiederholbarkeit des wissenschaftlichen Experiments. Menschliche Erfahrungen und historische Begebenheiten lassen sich hingegen nicht experimentell wiederholen, sondern lediglich vergleichen. Ihre Wahrheit lässt sich nachvollziehen, aber sie verfügt über keine logische Evidenz. Weil das biblische Zeugnis von der Offenbarung Gottes ein an die Geschichte gebundenes Zeugnis ist, ist es prinzipiell unwiederholbar und unbeweisbar. Insofern unterscheidet sich die Glaubensbegründung tatsächlich sehr wesentlich von dem »Beweisverfahren« der Wissenschaften.

Dieses Problem tritt jedoch immer auf, wenn menschliche Erfahrung und menschliches Tun in den Mittelpunkt des Interesses rücken.[19] Der Bibel ist das Einzelgeschehen von einzigartiger Bedeutung, weil es immer wieder an das erinnert, was Gott getan hat. Im Alten Testament sind Urdaten seines Eingreifens der Auszug aus Ägypten und die Gottesoffenbarung am Sinai, daneben der Tempel in Jerusalem und das Königtum Davids. Im Neuen Testament stehen das Leben, Sterben und die Auferstehung Jesu im Mittelpunkt (1. Korinther 15,1-7.12-19). Alle diese Gescheh-

---

19 In diesem Zusammenhang prägte der Theoretiker Thomas S. Kuhn (in: »Die Struktur wissenschaftlicher Revolutionen«, Frankfurt am Main 1988) den Begriff des Paradigmas und Paradigmenwechsels. Das wissenschaftliche Paradigma (Bild), das jemand von der Welt hat, entscheidet demnach darüber, zu welchen Ergebnissen er gelangt. Paradigmen sind systemabhängig. Jede Religion oder auch Gemeinde bildet demnach eine Systemgemeinschaft, die ein bestimmtes Paradigma von der Wirklichkeit herausbildet.

nisse waren einmalige Machterweise Gottes, die experimentell nicht nachvollziehbar sind. Für das Christsein folgt daraus eine entscheidende Frage: Tut Gott auch heute, was er im Alten und Neuen Testament getan hat? Geschieht das nicht, können wir keine adäquaten Erfahrungswerte mit Gott sammeln. Dann verliert der Glaube viel von seiner Überzeugungskraft. Glaube und Zuversicht wachsen nämlich nicht nur aus der Erinnerung an das, was Gott früher einmal tat. Es kommt entscheidend darauf an, Vergleichbares heute zu erfahren.

Bewährungsprobe Lebenspraxis

Das Experimentierfeld für die Bewährung unseres Glaubens ist die Lebenspraxis. Das Kriterium der Prüfbarkeit theologischer Aussagen ist folglich – neben der historischen Erforschung des Schriftzeugnisses – das Leben selbst. Und zwar das Leben, wie wir es heute mit Gott gestalten. Eine individuelle Prüfung des Glaubens außerhalb dieses Experiments ist unmöglich. Ein positiver Beweis christlicher Erfahrungssätze bleibt jedoch Utopie, weil grundsätzlich alle menschlichen Aussagen subjektiv geprägt und beeinflusst sind. Wir können uns zu keiner Beobachtung oder Entscheidung neutral verhalten. Das gilt übrigens auch für die experimentelle Forschung, bei der Grundannahmen und Theorien vorausgesetzt werden und Apparaturen zur Anwendung kommen.[20]

Wenn keine positive Erfahrung einen Beweis für Gott liefern kann, vermag negative menschliche Erfahrung Gottes Nichtexis-

---

20 »Der Anspruch, nur gelten zu lassen, was sich als ›wahr‹ beweisen lässt, scheitert daran, dass es unbezweifelbare Wahrheiten in unserer Welt nicht gibt« (Hoimar von Ditfurth, Wir sind nicht nur von dieser Welt, Hamburg 1981, S. 202). Noch weiter geht der renommierte Erkenntnistheoretiker Wolfgang Stegmüller, der darauf hinweist, dass, was sich streng genommen nicht beweisen lässt, auch nicht definitiv widerlegt werden kann (Metaphysik, Skepsis, Wissenschaft, Heidelberg 1969, S. 38).

tenz ebenfalls nicht zu belegen. Beim persönlichen Glauben an Gott steht deshalb kein objektiver Befund zur Disposition. Ob Gott existiert und den Menschen liebt, ob Christus lebt und sein Geist eine Realität ist, kann nur mittelbar geklärt werden. Es geht also um das große Wagnis, theologische Aussagen an menschlicher Erfahrung zu prüfen. Dabei zielt der Nachweis bewährten Glaubens nicht auf einen Beweis ab, und er ist auch nicht das Fundament des Glaubenden an Jesus Christus. Bewährter Glaube zielt auf gelingendes Menschsein! Darin besteht für die meisten Menschen ein größerer »Beweis« für den Wahrheitsgehalt des christlichen Glaubens, als es historische oder philosophische Argumentationswege ermöglichen. Diese Argumente sind dadurch nicht minderwertig oder bedeutungslos. Ihren Platz haben sie jedoch eher in der innertheologischen und wissenschaftlichen Diskussion. Denn offensichtlich wollen wir stärker durch persönliches Erleben überzeugt werden denn durch theoretische Argumente.

Bewährter Glaube

Lassen wir uns auf die praktische Bewährung des christlichen Glaubens ein, kommt unserer Lebensgestaltung ein hoher Stellenwert zu. Im ersten Johannesbrief bringt es der Evangelist auf den Punkt, wenn er feststellt, dass die Wahrheit des Glaubens an der Liebe erkannt wird, die Christen untereinander haben (1. Johannes 3,18f). Die Praxis unseres Glaubens entscheidet mit darüber, ob Menschen biblische Aussagen für vertrauenswürdig halten oder nicht. Zum Beispiel: Vergebung, die Christen von Gott empfangen, ist eine metaphysische Behauptung. Die Existenz Gottes und seines Sohnes, sein stellvertretender Tod u.a.m. lassen sich nicht prüfen, sondern wollen geglaubt werden. Zeigt aber das Leben des Christen eine versöhnte Lebenspraxis, die persönliche Vergebungsbereitschaft und Vergebungserfahrungen widerspiegeln, wirkt das christliche Glaubenszeugnis sehr überzeugend. Darum stellt Jesus die Versöhnungs- und Vergebungsbereitschaft seiner Jünger/-innen verschiedene Male in den Mittelpunkt seiner Verkündigung.

Johannes 17,15-23

15 Ich bitte dich nicht, sie aus der Welt wegzunehmen, aber sie vor dem Bösen in Schutz zu nehmen. 16 Sie gehören nicht zu dieser Welt, so wie ich nicht zu ihr gehöre. 17 Lass sie in deiner göttlichen Wirklichkeit leben und weihe sie dadurch zum Dienst. Dein Wort erschließt diese Wirklichkeit. 18 Ich sende sie in die Welt, wie du mich in die Welt gesandt hast. 19 Ich weihe mein Leben für sie zum Opfer, damit sie in deiner göttlichen Wirklichkeit leben und zum Dienst geweiht sind. 20 Ich bete nicht nur für sie, sondern auch für alle, die durch ihr Wort von mir hören und zum Glauben an mich kommen werden. 21 Ich bete darum, dass sie alle eins seien, so wie du in mir bist, Vater, und ich in dir. So wie wir sollen auch sie in uns eins sein, damit die Welt glaubt, dass du mich gesandt hast. 22 Ich habe ihnen die gleiche Herrlichkeit gegeben, die du mir gegeben hast, damit sie eins sind, so wie du und ich. 23 Ich lebe in ihnen, und du lebst in mir; so sollen auch sie vollkommen eins sein, damit die Welt erkennt, dass du mich gesandt hast und dass du sie, die zu mir gehören, ebenso liebst wie mich.

Jesu Gebet um die Einheit der Christen ist seit jeher von zentraler theologischer Bedeutung, heute aber vielleicht entscheidend für das Ansehen des Christentums in der Welt. In der Kirchengeschichte und heutigen Praxis von Freikirchen wird das Streben nach Einheit der Christen jedoch vernachlässigt. Sollte es in überschaubarer Zukunft auch in der westlichen Welt zu Verfolgungen der Gemeinde Jesu kommen, werden wir uns vielleicht wieder deutlicher auf den Willen Jesu besinnen. Unversöhnlichkeit in christlichen Gemeinden und Spaltungen des Leibes Jesu in der

Kirchengeschichte nehmen dem christlichen Zeugnis jedenfalls sehr viel Überzeugungskraft! Einigkeit unter den Christen kann hingegen als mittelbarer »Beweis«, als Brückenprinzip, viel zur Beglaubigung anderer christlicher Aussagen beitragen – genauso wie eine hoffnungsvolle Lebenseinstellung und Vertrauensbereitschaft, gesunde Emotionalität, helfendes Handeln, politische Verantwortungsübernahme, diakonisches und missionarisches Wirken, verbindliche Gemeinschaft. Prägen dürften einen solchen Glauben auch Gerechtigkeitssinn, Vorurteilslosigkeit, Freiheit gegenüber Mächten und Autoritäten, beglückend erfahrene Sexualität, achtungsvoller Umgang der Geschlechter und anderes mehr.

Anregungen
zum persönlichen Gebrauch und Gruppengespräch

Der christliche Glaube lässt sich nicht beweisen. Seine Bewahrungsprobe findet er im Alltag; der Glaube gewinnt in der öffentlichen Wahrnehmung seine Glaubwürdigkeit durch die Beobachtung von Christen. Bedenkt einmal mithilfe einer Konkordanz, wie häufig die Bibel die Bedeutung von Einigkeit betont.

Bombenattentate im Namen der Religion diskreditieren ihren Wahrheitsanspruch. Was bedeutet auf diesem politischen und gesellschaftlichen Hintergrund Jesu Gebot der Feindesliebe?

Beeinträchtigt der Glaube unser Lebensgefühl, oder fördert er frohes, befreites Gemeinschaftsleben?

In Philipper 4,8 und Kolosser 3,18 hält Paulus die Gemeinde an, sich der herrschenden Sitte und Kultur ihrer Mitmenschen anzupassen. Was erfordert dieser Hinweis im Gemeindealltag?

In 1. Petrus 2,11f; 4,3f verpflichtet Petrus die Gemeinde Jesu auf ein kultur-kritisches Verhalten. Was erfordert dieser Hinweis im Gemeindealltag?

Dient der Glaube zum Guten, zu Friede, Gerechtigkeit und Barmherzigkeit, so sprechen diese Auswirkungen für seine Überzeugungskraft. Was ist davon in Ihrem Leben erkennbar?

Was sind Erkennungszeichen der Gemeinde Jesu, die sie für Menschen an-ziehend und überzeugend machen?

Ich glaube nicht, dass die christliche Gemeinde auf einem guten Weg ist, wenn sie die Liebe und Einheit als ihr Erkennungszeichen vernachlässigt.

Ich glaube nicht, dass die christliche Gemeinde das Evangelium ohne Leidensbereitschaft in die Welt tragen kann.

Ich glaube nicht, dass menschliche Erfahrungen Gottes Wirklichkeit begründen.

Wie sich der Glaube bewährt

W as sind Kriterien für einen bewährten Glauben? Klären wir den eigenen Standort! Ist mein Glaube realitätsbezogen? Wie bewährt sich der christliche Glaube?

Entfaltung unserer Persönlichkeit

In der Vergangenheit hat sich die Psychologie vielfach mit religionskritischen Analysen hervorgetan. Für Sigmund Freud hinderte der Glaube den Menschen daran, dass die eigene Persönlichkeit reifen konnte, da er den Erwachsenen angeblich auf ein ihm unangemessenes Kindesverhalten festlegt. Nach dieser Kritik tritt der große Gott für den Erwachsenen an die Stelle des leiblichen Vaters, der für das kleine Kind bekanntlich alles vermag. Dadurch, so Freud, erziehe der christliche Glaube zu kindlicher Unselbstständigkeit: »Der persönliche Gott ist psychologisch nichts anderes als ein erhöhter Vater.«[21] Eine andere Beobachtung religiösen Verhaltens kommt zu dem Schluss, Gottes Wesen werde häufig unreflektiert mit der Erinnerung an den irdischen Vater verknüpft, der dadurch oftmals als übermächtiger Despot erscheine. Also ein Aufpasser, der fortwährend kontrolliert. Daraus resultierende Ängste und seelische Verkrümmungen hinderten Christen, ihr Leben befreit zu gestalten.

> Ihr aber seid das erwählte Volk, das Haus des Königs, die Priesterschaft, das heilige Volk, das Gott selbst gehört. Er hat euch aus der Dunkelheit in sein wunderbares Licht gerufen, damit ihr seine machtvollen Taten verkündet.
>
> 1. Petrus 2,9

---

21   Hans Joachim Thilo, Psyche und Wort, S. 72

Heute erfährt die Religion jedoch auch unter psychologischer Betrachtung eine positivere Würdigung. »Fast widerstrebend und skeptisch nehmen sie (Psychologen) zur Kenntnis, wie sich in einer wachsenden Zahl von Untersuchungen eine enge und positive Wechselwirkung zwischen Gläubigkeit/Religiosität und gesundheitlichem Status herausschält. (...) Religiosität wirkt sich in 84 Prozent der Fälle positiv aus, in 13 Prozent neutral, und nur bei 3 Prozent erwies sich Gläubigkeit als gesundheitsabträglich.«[22]

Vielleicht beobachten wir an uns selbst, dass wir nicht so an Gott glauben, wie wir ihn verkünden. Den liebenden Vater haben wir dann mehr auf den Lippen als im Herzen. Tragen wir ein negatives Bild des leiblichen Vaters in uns, kann es geschehen, dass wir dieses Bild unserer Gottesbeziehung unterlegen. In der Folge werden wir nichts mit ihm wagen oder eine Art Doppelmoral oder Doppelleben entwickeln. Das muss irritieren und bringt im ungünstigsten Fall das Verlangen mit sich, aus dem Gewohnten auszubrechen. Eine Geschichte, die davon erzählt, findet sich in Lukas 15,11-32. Sie endet allerdings mit einem Aufbruch ganz anderer Art, und das macht das Gleichnis Jesu so hoffnungsvoll.

Lukas 15,11-32

11 Jesus erzählte weiter: »Ein Mann hatte zwei Söhne. 12 Der jüngere sagte: › Vater, gib mir den Teil der Erbschaft, der mir zusteht!‹ Da teilte der Vater seinen Besitz unter die beiden auf. 13 Nach ein paar Tagen machte der jüngere Sohn seinen ganzen Anteil zu Geld und zog weit weg in die Fremde. Dort lebte er in Saus und Braus und verjubelte alles. 14 Als er nichts mehr hatte, brach in jenem Land eine große Hungersnot aus; da ging es ihm schlecht. 15 Er hängte sich an einen Bürger des Landes, der schickte ihn aufs Feld zum Schweinehüten. 16

---

22 Psychologie heute, Macht Glaube gesund?, 6/97, S. 21; Simone Ehm, Michael Utsch (Hrsg.), Wie macht der Glaube gesund? Zur Qualität christlicher Gesundheitsangebote, EZW-Texte 199

Er war so hungrig, dass er auch mit dem Schweinefutter zufrieden gewesen wäre; aber er bekam nichts davon. 17 Endlich ging er in sich und sagte: ›Mein Vater hat so viele Arbeiter, die bekommen alle mehr, als sie essen können, und ich komme hier um vor Hunger. 18 Ich will zu meinem Vater gehen und zu ihm sagen: Vater, ich bin vor Gott und vor dir schuldig geworden; 19 ich bin es nicht mehr wert, dein Sohn zu sein. Nimm mich als einen deiner Arbeiter in Dienst!‹ 20 So machte er sich auf den Weg zu seinem Vater. Er war noch ein gutes Stück vom Haus entfernt, da sah ihn schon sein Vater kommen, und das Mitleid ergriff ihn. Er lief ihm entgegen, fiel ihm um den Hals und überhäufte ihn mit Küssen. 21 ›Vater‹, sagte der Sohn, ›ich bin vor Gott und vor dir schuldig geworden, ich bin es nicht mehr wert, dein Sohn zu sein!‹ 22 Aber der Vater rief seinen Dienern zu: ›Schnell, holt das beste Kleid für ihn, steckt ihm einen Ring an den Finger und bringt ihm Schuhe! 23 Holt das Mastkalb und schlachtet es! Wir wollen ein Fest feiern und uns freuen! 24 Denn mein Sohn hier war tot, jetzt lebt er wieder. Er war verloren, jetzt ist er wiedergefunden.‹ Und sie begannen zu feiern. 25 Der ältere Sohn war noch auf dem Feld. Als er zurückkam und sich dem Haus näherte, hörte er das Singen und Tanzen. 26 Er rief einen der Diener herbei und fragte ihn, was denn da los sei. 27 Der sagte: ›Dein Bruder ist zurückgekommen, und dein Vater hat das Mastkalb schlachten lassen, weil er ihn gesund wiederhat.‹ 28 Der ältere Sohn wurde zornig und wollte nicht ins Haus gehen. Da kam der Vater heraus und redete ihm gut zu. 29 Aber der Sohn sagte zu ihm: ›Du weißt doch: All die Jahre habe ich wie ein Sklave für dich geschuftet, nie war ich dir ungehorsam. Was habe ich dafür bekommen? Mir hast du nie auch nur einen Ziegenbock gegeben, damit ich mit meinen Freunden feiern konnte. 30 Aber der da, dein Sohn, hat dein Geld mit Huren durchgebracht; und jetzt kommt er nach Hause, da schlachtest du gleich das Mastkalb für ihn.‹ 31 ›Mein Sohn‹, sagte der Vater, ›du bist immer bei mir, und dir gehört alles, was ich habe. 32 Wir konnten doch gar nicht anders als feiern und uns freuen! Denn dein Bruder war tot, jetzt ist er wieder am Leben. Er war verloren, und jetzt ist er wiedergefunden.‹«

Glaube, der Neues wagen lässt

Christsein bringt das Gefühl von Heimatlosigkeit in dieser Welt mit sich. Wenn unsere Überzeugungen nicht geteilt werden und wir unverstanden bleiben in der Art, wie wir Welt und Mensch betrachten, wie wir Gott glauben und ihm vertrauen, fühlen wir uns allein. Diese Fremdheit macht uns traurig und nicht selten auch in unseren Familien einsam. Wie Abraham und Mose verließ auch Jesus seinen Familienverbund und tauschte Konventionen gegen höchste Unabhängigkeit ein. Den gesellschaftlichen Konsens und Status quo ließ er hinter sich. Jesus ging in die Höhlen der Leprakranken und besuchte die Stätten, die andere Menschen mieden. Jesus überschritt fortwährend Grenzen.[23] Er brach viele gesellschaftliche und noch mehr religiöse Tabus, und er machte sich damit Feinde. Ebenso erging es Paulus und den Jüngern, die alles verließen, was sie hatten, als Jesus sie rief. Das waren die Ursprünge des Christentums. Nicht satte Zufriedenheit, sondern gefährliche Aufbruchstimmung! Kein Gott, der vor allem Übel in Schutz nimmt, sondern der hineinschickt in Kampf, Leiden und Tod (Matthäus 24,9-14).

Aufzubrechen erfordert einen Geist der Stärke. Es erfordert einen Glauben, der das eigene Leben verleugnet, weil ihm ein anderes, ewiges Leben vor Augen steht. Das berichten uns Christen aus aller Welt. Mit den Ärmsten der Armen und Ausgestoßenen teilen sie Verfolgung und Tod. Der Verfasser des Hebräerbriefes nennt Jesus in diesem Zusammenhang wiederholt einen getreuen Menschen. Er schildert, im Horizont einer leidenden, armen Gemeinde, das Seufzen und die Tränen Jesu. Sie sind Ausdruck seines Gehorsams und Hoffnungszeichen für seine Nachfolger.

---

23 Das Evangelium schildert Jesus andererseits nicht als einen Menschen, der Aufbruch zum Prinzip erhob. Es gibt auch ein gezwungenes, getriebenes Unterwegssein. Dann sind wir nie mit dem, was wir haben, zufrieden, und unser Unglück besteht ebendarin.

Denn Jesus hielt durch und hielt Glauben. Sein Glaube brachte ihn nicht sogleich nach Eden. Jesus kam nicht ins Paradies, bevor er den Hades durchschritten hatte. Mit einem Wort: Glauben heißt Treue gegenüber dem, was das Leben beschert.

Jesu Kreuz war das Ende seines Aufbruchs. Gott schwieg! Jesus erduldete es. Glaube bedeutet die Kraft, das Ende des Schweigens Gottes nicht erzwingen zu wollen. Selten sind unsere Aufbrüche definitiv oder endgültig. Wir erreichen nicht immer das selbstgesteckte Ziel, und oft bleiben wir hinter dem zurück, was wir uns selber auszudenken vermögen. Bei den Schritten, die wir mit Gott wagen, geht es darum, der Wirklichkeit gegenüber standzuhalten. Insbesondere dann, wenn die Dinge anders laufen als erhofft. »Wir haben hier keine bleibende Stadt, sondern die zukünftige suchen wir« (Hebräer 13,14).

Gefragt ist Nächstenliebe

Was ist der Sinn meines Lebens? Zur Beantwortung dieser Frage kann nach Meinung des Psychologen Viktor Frankl ein fester persönlicher Glaube sehr viel beitragen. Denn die größte Sehnsucht jedes Menschen ist es, bedingungslos bejaht und angenommen zu sein. Uns bewegt die Frage, ob wir für irgendjemanden wichtig sind. Geliebt sind wir glücklich. Liebe stiftet Sinn. Doch selbst in Ehe und Familie treffen wir solche Liebe selten an. Oft werden wir nur dann geliebt, wenn wir dem Bild dessen entsprechen, dessen Liebe wir uns wünschen. Durch diesen Umstand sind Kinderseelen in ihrer freien Entwicklung besonders gefährdet, denn sie sind ja auf die liebende Zuwendung ihrer Bezugspersonen unmittelbar und vollkommen angewiesen. Was liegt da näher, als sich etwa die Liebe der Eltern durch Bravsein, gute Schulnoten oder eine Glaubensentscheidung zu sichern? Die Rückkehr zu Gott, die Bindung an Jesus und nicht an religiöse Erwartungen oder Rollen ist dann der gewiesene Weg aus dieser

Fremde in die Heimat. Die Entfremdung zwischen uns und Gott endet, wenn wir ihm seine Liebe zu uns glauben und dadurch unsere menschliche Beziehungsfähigkeit wächst. Dazu gehört auch die Befähigung, sich Menschen gegenüber zu behaupten. Das ist ein wichtiges Bewährungsmerkmal des Glaubens, weil die Hauptursachen gescheiterten Lebens in Beziehungsproblemen zu finden sind.

Die Bibel erinnert uns daran, nicht schnell und eilfertig zu glauben, wir hätten mit der Bekehrung zu Christus bereits das Ziel unseres Lebens mit Gott erreicht. Mit der ganzen Schöpfung seufzen wir vielmehr über skandalöse Ungerechtigkeit und das, was diese Welt in Schrecken stürzt (Römer 8,22). Dieser Glaubensanfechtung begegnen wir unterschiedlich. Es überwiegen Skepsis und Niedergeschlagenheit oder Aggressivität und Angst. Wieder andere begegnen den Weltdramen und dem Bruchstückhaften des eigenen Tuns und Glaubens mit betontem Optimismus.

Hoffnung nährt konkretes Engagement

Es war die 19. Dynastie von 1300–1200 v.Chr., in der die Hebräer aus ägyptischer Knechtschaft freikamen. Ramses II. regierte 66 Jahre, er war der letzte große Imperialist des Weltreiches. Wie viele nach ihm wollte er sich durch gewaltige Bauten ein Denkmal setzen. So versklavte er unzählige Menschen und ließ von ihnen die Metropolen Pitom und Ramses erbauen. Die Hebräer waren zu der Zeit noch kein Volk. Sie hatten kein Land, sie hatten keinen Staat, keine Sozial- und Führungsstruktur. Aber die Hebräer hatten eine Vorstellung von kanaanitischer Kultur, denn zwischen Ägypten und Kanaan gab es regen Austausch. Das Land Kanaan wurde ihr Ziel. Das Bild von Erlösung, das die Hebräer zur Freiheit rief, ist ein Ruf auch in unsere Zeit. Dabei klingt diese Berufung zur Freiheit in jeder Zeit und Situation unterschiedlich. Aber sie muss vernehmbar bleiben! Dazu ist die

Gemeinde Jesu da. Wir verkürzen das Evangelium, wenn wir sagen, Glaube sei Erlösung von den Sünden – und verschweigen, dass sich Jesus ebenso wie Jahwe als ein Befreier aus konkreter Not gezeigt hat. Jesus knüpfte das mit ihm angebrochene Gottesreich an seine Leidensfähigkeit und seine Lebenshingabe für andere. Seine Opferbereitschaft wurde zum Vorbild einer hoffnungsvollen Nachfolge, wie er sie fordert. Hoffnung ist etwas anderes, als abzuwarten, was geschieht. Hoffnung nährt konkretes Engagement für Gottes Reich. Jesus setzte sich dafür nicht nur mit Worten, sondern ebenso mit Taten ein.

Die Bekehrungsgeschichten namentlich genannter Männer und Frauen schildern im Neuen Testament die Folgen ihres Vertrauens auf Jesus und seine Botschaft vom angebrochenen Gottesreich. Indem sich Jesus den Armen, Lahmen, den Kranken und Aussätzigen, den Geächteten und Missachteten zuwendet, ruft er sie zur Hoffnung auf. Sie sollen Resignation, Selbstmitleid und Gottesfeindschaft hinter sich lassen. So kehrt die Frau vom Jakobsbrunnen verwandelt in ihr Dorf zurück (Johannes 4,1ff), klettert Zachäus mit neuem Selbstbewusstsein vom Baum (Lukas 19,2ff), packt der Lahme sein Lager ein und geht (Johannes 5,1ff), folgt der von Blindheit geheilte Bartimäus Jesus nach (Markus 10,46). Sie alle sind angesteckt von der Hoffnung des Gottesreichs.

Ihr verbunden sind Glaube und Liebe. Doch angesichts wachsender Armut, wachsenden Hungers und zunehmender Konflikte auf der ganzen Welt scheint Gottes Reich ins Hintertreffen zu geraten. Die Integration von Migranten in unseren Großstädten gestaltet sich schwierig, und die Solidarität unterschiedlicher sozialer Schichten nimmt ab. Gegenseitige Akzeptanz lässt sich nicht verordnen, und Fremdheit wird nicht durch Appelle überwunden. Verteilungskämpfe nehmen an Schärfe zu. Man kann deshalb zynisch oder betroffen fragen, was tatsächlich, jenseits aller Rhetorik, die christliche Hoffnung auf das gekommene Gottesreich nährt. Wenn seine gefühlte Abwesenheit jedoch nicht mehr schmerzt, spricht diese Gleichgültigkeit nicht für Realitätssinn, sondern für den Tod der christlichen Hoffnung. Breitet sich unter uns Resignation aus, wo Glaube gefordert wäre?

Matthäus 13,31-32

> *31 Jesus erzählte ihnen noch ein anderes Gleichnis: »Wenn Gott jetzt seine Herrschaft aufrichtet, geht es ähnlich zu wie bei einem Senfkorn, das jemand auf seinen Acker gesät hat. 32 Es gibt keinen kleineren Samen; aber was daraus wächst, wird größer als alle anderen Gartenpflanzen. Es wird ein richtiger Baum, sodass die Vögel kommen und in seinen Zweigen ihre Nester bauen.«*

Unabhängiges Urteilsvermögen

Wir lernen vor allem am Modell. Das meiste von dem, was wir für wahr halten, wurde uns durch ständige Wiederholung zur persönlichen Überzeugung. Das gilt auch für den Glauben, unsere Ethik und Gewissensbildung, und natürlich ist dieser Umstand für unsere Interpretation der Bibel prägend. Der Glaube an Christus kann uns jedoch auch dazu befreien, unsere unbewusst übernommenen Verhaltensmuster und Glaubensüberzeugungen zu erkennen, kritisch zu prüfen und gegebenenfalls gegen neue Überzeugungen einzutauschen. Individuation zeigt sich im eigenen Werturteil und selbstständigem Denken, und ebendazu steuert der Glaube befreiende Orientierung bei und keine starre Festlegung. Wir verlieren nicht an Identität, je mehr wir zu Gott finden, sondern die Herrschaft Jesu befreit von allen innerweltlichen Herrschaftsansprüchen, ob sie nun durch Personen, durch Ideologien oder durch Zwänge repräsentiert werden. Christusbegegnung ist auf Nachfolge Jesu angelegt und nicht auf Nachahmungsgebaren christlicher Verhaltensmuster oder verlangte Systemtreue.

Einzig in dem Willen des Auferstandenen, wie ihn uns das Evangelium von dem irdischen Jesus von Nazaret bezeugt, begegnet uns Gottes Gehorsamsanspruch. So verdeutlicht bereits die Gotteserscheinung am Sinai, dass Gott nicht kam, die Worte seines Volkes entgegenzunehmen, sondern sie auf sein Wort zu verpflichten. Die Dauererwartung heutiger Anbetung Gottes hebt sich davon ab, wenn erbeten wird, dass sich Gott unserer Bedürfnisse annimmt. Alle biblischen Theophanien und die Nachfoluferufe Jesu zeigen etwas anderes. Gott ruft uns an – und Menschen verstummen oder antworten. Keine Gottesbegegnung kann darauf verzichten. Denn aus dem Gehorsam gegenüber Gottes Gebot erwächst unsere Freiheit gegenüber allen anderen Herren. Gott zu bitten, daran ist natürlich nichts Falsches. Aber Erfahrungen seiner Gegenwart stellen sich nicht vorrangig dadurch ein, dass wir ihm unsere Gedanken, Wünsche und Hoffnungen antragen. Gut möglich, dass sie mehr unserem Wollen und Begehren erwachsen, als dass sie in seinem Namen erbeten sind.

Gottesbindung mehrt Gottesfurcht

Wie kein anderer hat Jesus das Angstmoment aus der Religion ausgeklammert (Matthäus 19,17): Niemand anders ist gut außer Gott! Solches Urvertrauen hat der Psychologe Erik Erikson den »Eckstein der gesunden Persönlichkeit« genannt.[24]

Der christliche Glaube vermittelt in hohem Maß das Gefühl unbegrenzter Geborgenheit. Die gute Nachricht ist, dass nicht die eigene Leistung unser Lebensrecht begründet. Wir empfangen es vielmehr als Geschenk, als unverdiente Zuwendung Gottes. Das verdeutlicht Jesu Leben, wenn er Sünde beim Namen nennt und dennoch mit den Sündern Gemeinschaft hat. Jesus bietet uns, an Gottes Stelle, die Gemeinschaft mit sich an, ohne damit gleich-

---

24 Bernd Jochen Hilberath, Heiliger Geist – heilender Geist , Mainz 1988, S. 66

zeitig unser Fehlverhalten gutzuheißen. Die Gotteserscheinung am Sinai, die der anschließenden Verkündigung der Gebotstafeln vorangeht, kann als Vorbild für diesen entscheidenden Aspekt des Evangeliums gelten. Wenn das Volk Gottes aufgefordert wird, sich auf die Begegnung mit seinem Gott vorzubereiten, ist von einer Trennlinie die Rede (2. Mose 19,18-21): »Schärfe ihnen ein, dass sie auf keinen Fall die Grenze überschreiten, um mich zu sehen.« Gottes Herabkommen vom Himmel und mehr noch sein Erscheinen in der Wolke verdeutlichen seine Verborgenheit! Der Rauch des Schmelzofens hat hier seine bestimmte Bedeutung. Denn er erscheint im Alten Testament noch an einer anderen Stelle, die aufhorchen lässt. Es ist dies die Geschichte vom Untergang Sodoms und Gomorras (1. Mose 19,28), wo der Schmelzofen Gottes *Gericht* mit sich bringt. Hier wird dasselbe Wort verwandt, um die *Nähe Gottes* auszudrücken! Dies ist ein Indiz dafür, dass bei aller beschriebenen Nähe Gottes der Abstand zwischen Jahwe und uns gewahrt bleibt. In diesem Sinne gilt die Grenze, die einzuhalten dem Volk wiederholt befohlen wird, auch uns. Diese Grenze überwinden zu wollen betrachtet das Alte Testament und mit ihm auch das Neue Testament als menschliche Anmaßung.

Hier stellt sich die Frage, ob Anbetung Gottes die Trennung zwischen ihm und uns aufheben kann und soll. Die stark emotionale Wertung, die uns von einer »guten Anbetungszeit« reden lässt, wirft in diesem Zusammenhang Fragen auf. Drei Aspekte fallen ins Auge. Erstens ruft die Begegnung Gottes in Exodus 19 keine Freude, sondern Schrecken hervor.[25] Zweitens ruft Gott sein Volk zu sich, hält es aber zugleich auf Abstand. Komm mir nicht zu nah, lautet seine Aufforderung, die ein zweites Ausrufezeichen setzt. Und drittens steht die wiederholte Beschreibung der kategorischen Grenze zwischen dem Volk und Jahwe für seine Fürsorge. Denn so richtig die Hervorhebung der Vater-Kind-Beziehung im

---

25 Das ist in der Bibel keineswegs die Ausnahme, sondern die Regel; vgl. 1. Könige 18, 39, Jesaja 6,5ff, Lukas 1,12-30.

Gottesverhältnis ist, so fragwürdig bleibt doch die beabsichtigte Intimität zwischen Gott und uns. Gott nimmt uns durchaus nicht auf seinen Schoß: Wir würden es nicht überleben!

Exodus 19,10.14

> *10 Weiter sagte der Herr: »Geh zum Volk und sorge dafür, dass sie sich heute und morgen auf die Begegnung mit mir vorbereiten. Sie sollen alles meiden, was unrein macht, und sollen ihre Kleider waschen.« 14 Mose stieg wieder hinab zum Volk. Er befahl den Israeliten, sich auf die Begegnung mit dem Herrn vorzubereiten und ihre Kleider zu waschen.*

Respekt und Fürsorge gegenüber Mensch, Tier und Natur

Sünde, Zielverfehlung, ist Verlust der Sinnordnung. Sie zerstört das Beziehungsgefüge allem Geschaffenen gegenüber. Die Missachtung und Ausbeutung der Natur, die Qualen von Mensch und Tier führen es uns täglich vor Augen. Andererseits leben wir in einer Spaß- und Konsumgesellschaft, die Hunger, Krankheit und Behinderung aus ihrem Bewusstsein verdrängt. Das kollektive Glücklichsein wird propagiert, und ungezählte Angebote werden ersonnen, diese Illusion unter uns lebendig zu erhalten. Doch die Zielmarke der Erlösung auf der Erde ist, dass Menschen zu Gott und zueinanderfinden.

Anregungen
zum persönlichen Gebrauch und Gruppengespräch

Das erste Bild, das uns die Bibel vom gnädigen Gott zeigt, ist das des befreienden Gottes (2. Mose 12,31-33). Gott sieht nach den Unterdrückten, nach den Schwachen und Leidenden. Erlösung verliert ihre Wirklichkeit, wenn sie keine konkrete Form und Botschaft hat. Welche befreiende Botschaft haltet ihr in unserer Zeit für vorrangig? An wen wollt ihr sie richten?

Ist es für Sie an der Zeit, aufzubrechen und Neues zu wagen? Was hält Sie davon ab? Können Sie mit Ihrem Glauben an Gott »Mauern überspringen«, oder wirkt er sich dabei eher hinderlich aus?

»Zwischen einem persönlich bedeutsamen Glauben einerseits und Lebenszufriedenheit, Glücklichsein, positiver Gestimmtheit und Sinnorientierung andererseits besteht ein Zusammenhang ...« Überzeugungsgeleitete Religiosität ist dabei ein wichtiger Faktor, während sich nutzenorientierte Religiosität nicht gleichermaßen positiv auswirkt.[26]

Hilft Ihnen das emotionale Klima Ihrer Gemeinde? Welche Rolle spielen dabei praktische Unterstützung, persönliche Gebetszeiten, Bibellesen und Gemeinschaftserfahrungen für Sie?

Leiden Sie in Ihrer Gemeinde oder unter Mitchristen an deren Engstirnigkeit? Breitet sich in Ihnen Resignation aus, wo Glaube und Zuversicht gefordert wären?

In welchen Bereichen Ihres Lebens fühlen Sie sich unfrei und der Vormacht anderer Herrschaft ausgesetzt? Sind Sie dem ausgeliefert? Geben Sie andere frei, ihren eigenen Weg zu gehen?

Welche Bedeutung haben für Sie Anbetungslieder, wie wir sie in Gottesdiensten singen oder auf CD hören? Tauscht euch über Texte aus, die euch besonders berühren, und über solche, die ihr für fragwürdig haltet. Welche Wirkung haben die Melodien von geistlichen Liedern auf Sie, und welche Rolle spielen für Sie die Liedtexte?

---

26 Psychologie heute, 6/97, S. 26/24

Wie gehen Sie damit um, wenn andere nicht so wollen, wie Sie es für richtig halten? Was können Sie konkret tun, um in Ihrem Umfeld ein Platzhalter der Liebe Gottes zu sein?

Der heilige Gott ist der ganz Andere, und das erwartet ein Verhalten, das sich vom modern gedachten Freundschaftsverhältnis zwischen Gott und uns unterscheidet. Im Neuen Testament verdeutlichen das die Schilderungen des auferstandenen Christus und seine Himmelfahrt. Tauscht euch über weitere derartige Berichte des Alten und Neuen Testaments aus und listet die Reaktionen der Beteiligten auf.

_____

_____

_____

_____

Ich glaube nicht, dass Christen bedingungslos glückliche Menschen sind.

Ich glaube nicht an ein Christsein ohne gute Werke.

Ich glaube nicht, dass sich geistliches Leben immer gut anfühlt.

Gott nach unserem Bild

Du sollst dir kein Gottesbild anfertigen. Mach dir überhaupt kein Abbild von irgendetwas im Himmel, auf der Erde oder im Meer (2. Mose 20,2.4). Denken ohne Bilder, ohne eine Idee von dem, was wir beschreiben möchten, ist unmöglich. Denn Begriffe bezeichnen Gegenstände, Inhalte oder Erfahrungen. Wie sollen wir also von Gott reden, ohne uns ein Bild von ihm zu machen? Er versteht sich nicht von selbst. So nah es deshalb liegt, sich von ihm ein Bild zu machen, so deutlich werden wir davon abgehalten. Warum ist das so?

> Ich bin der Herr, dein Gott! Du sollst keine anderen Götter neben mir haben.
>
> 2. Mose 20,2-3

Die dogmatische Gotteslehre ging bezüglich der Frage nach Gott nahezu selbstverständlich von einem Aufstockungsverfahren aus. Um Gott genauer beschreiben zu können, setzte sich die Attributenlehre durch. Ausgehend von dem, was auf der Erde als vollkommen und gelungen gilt, denkt man Gott als Vollkommenheit im höchsten Sinn. Wenn beispielsweise ein Sonnenaufgang wunderbar ist, so ist Gottes Herrlichkeit noch viel größer, beeindruckender, wunderbarer. Umgekehrt wird, von allem Negativen in der Welt ausgehend, dessen völliges Gegenteil von Gott ausgesagt. Menschen vermögen Böses zu tun – im Umkehrschluss ist Gott absolut gut. So weit die Theorie. Aber was geschieht, wenn beispielsweise Jesus auf dem Schulhof nicht vor dem großen Klassenkamerden schützt, der sich das Handy des schwächeren Mitschülers erpresst? Jetzt stößt das Bild vom guten, fürsorgenden und immer treu sorgenden Gott an seine Grenzen. Superman ist immer zur Stelle, wenn es Ärger gibt. Gott nicht! Gerade weil Gott alles vermag, bleibt unverständlich, warum er nicht alles tut oder verhindert, was er kann.

Jesus ist nicht Superman!

Der Stier war das antike Bild von Superman. Israel schuf sich ein gegossenes Stierbild. Seinen Symbolgehalt der Stärke und Fruchtbarkeit hatten sie von den umliegenden Völkern übernommen. Das war töricht und synkretistisch, aber noch nicht eigentlich die Katastrophe. Die bestand darin, dass sie dieses Stierbild mit Gott gleichsetzten und anbeteten: »Hier ist dein Gott, Israel, der dich aus Ägypten hierher geführt hat!« (2. Mose 32,8). Dieses Bildnis war Realpräsenz Jahwes. Darin bestand der Frevel. Das Begehren, Gott dingfest machen zu wollen, ist das eigentliche Problem der Gottesbilder: So bist du, so hast du zu sein. Jesus, so will ich dich erleben, so musst du mir begegnen, das erwarte ich von dir. Bist du so nicht, wähle ich mir einen anderen; verzweifle ich an dir, kann ich dich nicht weiterempfehlen.

Gottesbilder können aber auch philosophischer Natur sein. Die christliche Gotteslehre machte sich dabei die griechische Philosophie dienstbar. Die ging davon aus, zwei Welten stünden einander entgegen: die untere und die obere, die natürliche und die übernatürliche, die physische und die geistige Welt. Dieses Schema finden wir bis heute immer wieder vor. Es ist eine Art säkulare »Kinotheologie«. Fast alle Hollywood-Filme sind nach dem Muster »Kampf von Gut und Böse« gestrickt. Der Held ist gut und bleibt es auch, selbst wenn er Menschen tötet. Der Feind ist böse, egal, was er tut, nur seine Gestalt wandelt sich. Was in früheren Filmen in Zeiten des Kalten Krieges der Kommunismus war, sind heute der Terrorismus und die Araber. Wie fatal sich Hollywoodlogik auf amerikanische Politik auswirkte, konnten wir in den vergangenen Jahren miterleben. Welche Rolle dabei religiöse Überzeugungen spielten, können wir nachlesen.[27] Wie wir von Gott denken, so denken wir auch von der Welt, und um-

---

27 Der Nobelpreisträger Al Gore unterlag als Präsidentschaftskandidat George Bush, der die Wahl mit hauchdünnem Vorsprung gewann. Al Gore, Angriff auf die Vernunft, München 2007.

gekehrt. Gottesbilder entsprechen unseren Gedanken, Hoffnungen, Ängsten und unserer Logik. Gottesbilder benötigen keine Figuren, Gemälde oder Gegenstände!

Gott teilt sich mit

Das Verbot, sich ein Bild von Gott zu machen, ist ein Kennzeichen jüdisch-christlichen Glaubens. Dahinter steht die Erkenntnis, dass der in der Bibel bezeugte Gott unter keinen Umständen, mit keinen Mitteln und Möglichkeiten festzulegen ist. Darum passt er auch in kein Gedankensystem. Nicht wie wir über ihn denken, ist entscheidend. Nicht was wir von ihm sagen, ist ausschlaggebend. Es kommt darauf an, wie er sich selber mitteilt! Nur da wird Gott erkannt, wo er sich selber mitteilt. Alles, was in allgemeinen Kategorien als Gott bezeichnet wird, ist gerade nicht der Gott Israels und Jesu Christi. All das ist auch nicht Christus. Glaube ist darum auch nur da, wo wir seiner Offenbarung folgen.

Eine natürliche Erkenntnis des lebendigen Gottes Israels und des Vaters Jesu Christi gibt es schlechterdings nicht. Wohl haben alle Völker und Menschen eine Vorstellung von Gott. Sie glauben an seine Existenz oder lehnen sie ab. Jedenfalls können sie mit dem Begriff »Gott« etwas anfangen. Der jüdisch-christliche Glaube nimmt für sich jedoch eine einzigartige Bedeutung in Anspruch. Seine Exklusivität macht den Streit zwischen den Religionen aus. Ganz besonders deutlich ist das im Hass von Islamisten auf die Juden. Denn wenn Israel tatsächlich das eine erwählte Gottesvolk ist, dann sind es alle anderen Völker eben nicht. Und wenn Jahwe, der Gott Israels, der eine Gott ist, dann kann Gott nicht sein, wo man sich gegen sein Volk stellt. Das ist ein Privileg der Juden, kein Verdienst. Jahwes Erwählung, das ist auch das Privileg der Christen.

Auf Gott warten

Wenn wir sagen, dass Gott allmächtig ist, vollkommen und ewig, dann sprechen wir Worte aus, deren Sinn wir selbst nicht verstehen. Denn wir haben kein Bild von Vollkommenheit zur Verfügung, wir wissen nicht, was Allmacht bedeutet, wir wissen auch nicht, wie sich Ewigkeit anfühlt. Ewigkeit ist ja nicht endlos ausgedehnte Zeit – und selbst dies vermögen wir nicht zu denken. Unsere Rede von Gott gleicht daher oft nur einem Gestammel. Gott hat sich vielfach anders gezeigt, als es sein Volk erwartete. Auch Christus hat sich als Gottes Sohn völlig unvermutet offenbart. Alle Gedanken über ihn gingen fehl. Sie lösten sich in Nichts auf. Paulus sagt: Gott hat in Christus die Weisheit der Welt zunichtegemacht und das, was Torheit vor der Welt ist, das hat sich als seine Wahrheit offenbart (1. Korinther 1,19.21). Suchen wir Gott, dann müssen wir unsere ganze Aufmerksamkeit seiner Selbstmitteilung und seinem Kommen zuwenden. Beten wir also nicht unsere Vorstellungen von Gott an! Legen wir Christus nicht auf bestimmte Erwartungen fest.

Als Junge habe ich alles technische Gerät zerlegt, das ich in die Hände bekam. Es drängte mich, alles auseinanderzuschrauben, um es dann wieder eigenhändig zusammenzusetzen. Manches Spielzeug fiel diesem Wissensdurst zum Opfer. Denn immer bekam ich die Demontage hin, aber das Zusammenfügen der vielen Teile misslang oft. Später erwachte dann mein Interesse für Motoren von Mopeds und Motorrädern, aber auch Rundfunkgeräte waren vor meiner Neugierde nicht sicher. Welche Faszination ging davon aus? Selbst konstruiert oder doch zumindest selbst zusammengesetzt, weißt du, wie es funktioniert! In diesem Sinn nimmt uns das Argumentieren für Gott und das Diskutieren über Gott das Gefühl der Ohnmacht. Wenn wir uns sehr bemühen, alles in der Bibel zu erklären und alle Lebensfragen zu glätten, dann geschieht das oft, weil unser Herz unruhig ist und ängstlich. Die Illusion, alles griffbereit im Regal zu haben, vermittelt das Gefühl von Sicherheit. Tatsächlich laden wir uns damit aber die

Last ständiger Bestätigung des eigenen Glaubens auf. Was passiert dann, wenn eine Frage oder Lebenssituation auftaucht, die uns aus dem Sattel hebt? Bilden wir uns ein zu wissen, wer Gott ist und wie er ist und wie er uns begegnen will, verdrängen wir vielleicht das Gefühl der Ohnmacht und des Ausgeliefertseins. Doch hängen wir dann mehr von den eigenen Überzeugungen ab als vom Glauben an ihn.

Der (un)kalkulierbare Gott

In Jesu Schilderungen seines Vaters ist dieser nicht immer nur der gütige, duldsame und nachsichtige Gott, den nichts aus der Ruhe und Fassung bringen kann und der am Ende allen den Himmel öffnet, der niemals straft und Menschen ihrem Gutdünken überlässt. So ist Gott nicht. Welches Bild sollen wir uns dann von ihm machen? Die Antwort des zweiten Gebots ist gültig und klar. Du sollst dir überhaupt kein Bild von Gott machen! Bleiben wir stattdessen bei den biblischen Beschreibungen und scheren wir diese nicht alle über einen Kamm. Lassen wir die Ecken und Kanten, auf die wir beim Lesen der Bibel stoßen, stehen, und enthalten wir uns eines Urteils über Gott. Die Bibel malt nämlich keine abgeschlossenen Gottesbilder, sondern lässt uns wissen, wie Menschen Gott und sein Handeln in ihrem Leben und an Völkern erfahren haben: manchmal unbegreiflich streng und manchmal unendlich großherzig. Manchmal zornig, eifersüchtig, rächend und Völker vernichtend. Dann aber auch wieder gütig, großzügig, freundlich und vergebungsbereit. Es ist diese Vielfalt der Schilderungen vom Handeln Gottes, die uns verwirrt. Aber ebendamit sind wir schon auf eine wichtige Beobachtung gestoßen. Die Erzählungen vom Handeln Gottes an Menschen und Völkern zeigen uns, was sie von ihm verstanden, und auch, was ihnen an Gott unverständlich blieb. Dabei wird das Mirakelhafte nicht aufgelöst, sondern unmittelbar in den Mittelpunkt unseres Nachdenkens gerückt. Vergleichen wir unsere Erfahrungen mit den geschilderten, so wird uns Gott nicht unbedingt begreiflicher, aber seine Gegenwart kommt uns näher.

Gott hatte seinem Volk seine Gegenwart zugesagt, aber darauf, wann und wie er für das Volk da sein würde, hatte er sich nicht festgelegt. Und so geschah es: Kaum war Mose einige Tage nicht unter den Seinen, waren sie sich ihres Gottes nicht mehr sicher. Deshalb machten sie sich einen Gott nach ihrem Bild. So kam die Welt wieder in Ordnung. Aha, so ist er also, atmeten sie auf.

Auch wir warten nicht gern, denn Verunsicherung ängstigt. So lächerlich es ist, sich selber einen Gott zu machen – nichts liegt uns näher als das. Das Verlangen, sich zu entlasten von der ständigen Offenheit, die uns der lebendige Gott abverlangt, steht als Triebfeder hinter jedem Gottesbild. Das Gefühl, Gott zu kennen, und die Vorstellung, über ihn Auskunft geben zu können, versprechen Entspannung. Aber die Unsicherheit und der Zweifel des Herzens lassen sich so nicht beruhigen. Es sind immer menschliche Auskünfte, die Gott zum Götzen machen. Wenn Gott ist, dann, weil er ist, und nicht, weil wir ihm das Recht dazu einräumen. All unseren Gottesbildern ist der Wunsch gemeinsam, Gott als eine berechenbare, verlässliche Größe im Wechselspiel und Zufall des Lebens kalkulieren zu können. Aber Gottes Handeln zielt nicht darauf ab, uns derartige Kenntnisse zu vermitteln. Seine Zusage an Israel war es, mit ihm zu sein. Das gilt auch uns. Aber Gott lässt nicht zu, dass wir vorhersagen oder festlegen, wie das auszusehen hat. Dagegen steht das zweite Gebot.

Anregungen
zum persönlichen Gebrauch und Gruppengespräch

Zeit für einen Heimkinoabend? Tragt Beispiele säkularer »Kinotheologie« zusammen, die den Kampf von Gut und Böse zeigen. Was macht dieses Filmmuster so faszinierend? Was gefällt oder missfällt euch daran?

Biblisch kann niemand von Gott reden, der die Erwählung seines Volkes Israel und die Berufung aller Menschen in Christus in Abrede stellt. Wenn aber Exklusivität den Zorn anderer Menschen provoziert, wie können wir dann den Absolutheitsanspruch Jesu versöhnlich und verständlich zur Sprache bringen?

Ob wir unsere Erwählung durch Christus als unverdientes Geschenk begreifen, zeigt sich daran, wie wir anderen Menschen, Völkern und Religionen begegnen. Welche Bedeutung könnte christlich motivierter Pazifismus in der Zukunft spielen?

Wir loben Gott mit Worten, die wir selber nicht zu definieren wissen, und wir empfinden, dass alles, was wir von Gott sagen können, sein Wesen unzureichend erfasst. Manchen Christen hat Gott (deshalb?) für ihren persönlichen Gebrauch die Gabe des Sprachengebets verliehen (1. Korinther 13,1). Tauscht euch über eure Erfahrungen mit dieser Geistesgabe aus.

Was ist der Unterschied zwischen einem Gottesbild und der Beschreibung von Erfahrungen, die wir mit ihm gemacht haben? Vergleicht das Bildverbot der Bibel mit den Sehnsüchten, die hinter dem Glauben an Sterne bzw. Astrologie stehen.

Es sind immer menschliche Auskünfte, die Gott zum Götzen machen.

Ich glaube nicht, dass wir im Glauben scheitern, weil wir an Jesus verzweifeln, sondern an unseren Bildern von ihm.

Ich glaube nicht, dass im interreligiösen Streit Angst oder Gewalt die Gegenwart des Heiligen Geistes repräsentieren.

Ich glaube nicht, dass religiöse Prinzipien anstelle eines demokratischen Staatsprinzips besser geeignet sind, ein Volk zu regieren.

Seltsame Begegnung

Wenn es um den Sinn des Glaubens an Gott geht, muss ich ihm Rede und Antwort stehen. Oder er mir? Davon erzählt eindrucksvoll Genesis 18,1-15.

Ich ermahne, dass man vor allen Dingen tue Bitte, Gebet, Fürbitte und Danksagung für alle Menschen.

1. Timotheus 2,1

Der unerkannte Gast

1 Abraham wohnte bei den Eichen von Mamre. Dort erschien ihm der Herr. Abraham saß gerade in der Mittagshitze am Eingang seines Zeltes. 2 Als er aufblickte, sah er wenige Schritte vor sich drei Männer stehen. Sofort sprang er auf, warf sich vor ihnen nieder 3 und sagte: »Mein Herr, wenn ich Gnade vor dir gefunden habe, dann geh nicht hier vorüber. Ich stehe dir zu Diensten! 4 Man wird euch sogleich Wasser bringen. Ihr könnt euch die Füße waschen und es euch unter dem Baum bequem machen. 5 Ich will inzwischen eine kleine Erfrischung holen, damit ihr euch stärken und dann euren Weg fortsetzen könnt. Wozu sonst seid ihr bei eurem Diener vorbeigekommen?« – »Es ist gut«, sagten die Männer. »Tu, was du vorhast!« 6 Abraham lief sogleich ins Zelt und sagte zu Sara: »Schnell, nimm drei Backschüsseln von deinem feinsten Mehl, mach einen Teig und backe Fladenbrot!« 7 Dann lief er zum Vieh, suchte ein schönes, gesundes Kalb aus und befahl dem Knecht, es zuzubereiten. 8 Er holte süße und saure Milch, nahm das gekochte Fleisch und trug alles hinaus unter den Baum. Mit eigener Hand bediente er seine Gäste und stand dabei, während sie aßen. 9 Nach dem Mahl fragten die Männer Abraham: »Wo ist deine Frau Sara?« »Drinnen im Zelt«, antwortete er. 10 Da sagte der Herr: »Nächstes Jahr um diese Zeit komme ich wieder zu dir, dann wird deine Frau einen Sohn haben.« Sara stand im Rücken Abrahams am Zelteingang und horchte. 11 Die beiden waren damals

schon alt, und Sara war schon lange über die Wechseljahre hinaus. 12
Sie lachte in sich hinein und dachte: »Jetzt, wo ich alt und verwelkt bin,
soll ich noch ein Kind empfangen? Und mein Mann ist auch viel zu alt!«
13 Da sagte der Herr zu Abraham: »Warum hat Sara gelacht? Warum
zweifelt sie daran, dass sie noch ein Kind gebären wird? 14 Ist für den
Herrn irgendetwas unmöglich? Nächstes Jahr um die verabredete Zeit
komme ich wieder, dann hat Sara einen Sohn.« 15 »Ich habe doch nicht
gelacht«, leugnete Sara. Sie hatte Angst bekommen. Aber der Herr sagte:
»Doch, du hast gelacht!«

Auf die Probe gestellt

Gott schaut nach seinen Menschen.[28] Überraschend und unvor-
bereitet tritt er in Abrahams Haus. Er macht sich ein Bild von
ihm. Gastfreundschaft spielt im Orient eine große Rolle. Zu bib-
lischer Zeit war sie ein Zeichen echter Frömmigkeit. Darum lädt
Abraham die Männer ein, seine Gäste zu sein. Und Gott nimmt
die Einladung an. Ein erster merkwürdiger Gedanke: Gott will
mein Gast sein! Meist betrachten wir ihn als unseren Gastgeber,
wie es Psalm 23 nahelegt. Doch hier ist es anders. Ich muss genau
hinhören und hinsehen, was sich da zuträgt. Die Männer bleiben,
und statt der angekündigten kleinen Erfrischung setzt Abraham
das ganze Haus in Bewegung: Sara, die als Frau traditionell für
die Zubereitung des Brotes verantwortlich ist, und die Knechte,
denen die Schlachtung und Zubereitung des Tieres obliegt.

Gott an Abrahams Tisch wird als solcher benannt, gibt sich
aber nicht unmittelbar zu erkennen. Immer wieder ist von den

---

28 Die Beschreibung Gottes in Gestalt eines Engels (oder dreier) ist auch für das Alte
    Testament, das sehr menschlich von Gott sprechen kann, eine Besonderheit. Da-
    bei hat schon früher Ausleger die Aufforderung Abrahams an Gott gestört, sein
    Herz zu stützen, zu essen und zu trinken, damit ihm die Kräfte nicht abhanden-
    kommen. Unvermittelt denken wir an das Essen Jesu nach seiner Auferstehung,
    das dort seine wirkliche Auferstehung unterstreicht und nicht weniger ärgerlich
    wirkt.

drei nicht eindeutig benannten bzw. voneinander unterschiedenen Männern die Rede. Wir sollen Gott mit Abrahams Augen sehen, und das heißt, ihm in unserem Alltag begegnen. Er ist unter uns, aber so, dass er der Verborgene, der unerkannte Gast bleibt. Darum geht es in dieser Geschichte: um die Probe, auf die uns Gott stellt. Damit haben wir unsere Not. Träte er uns eindeutig entgegen, wäre aller Zweifel verflogen. Doch er kommt unangemeldet. Er führt nichts mit sich, um uns von seiner Göttlichkeit zu überzeugen. So kommt er und trifft unser Haus in Unordnung an. Wie unangenehm! Ich werde nicht gerne in peinlichen Momenten überrascht. Wo ich etwas verbergen möchte, ziehe ich mich zurück, schütze mich, hinterlasse keine Spuren.

Es wird deutlich, wie wenig Sara dieser Begegnung gewachsen ist. Als ihr die Geburt des Kindes angekündigt wird, lacht sie in sich hinein. Gott stellt sie dafür zur Rede: »Warum hat Sara gelacht?« Die Frage in Gottes Mund zerrt ihren verfänglichen Gedanken ans Licht: Gott verheißt Unsinn! Er redet dummes Zeug – ich weiß es besser als er. Sara erkennt sofort, wie sehr sie sich verstiegen hat, und so fügt sie der ersten Sünde eine weitere hinzu, indem sie sich verteidigt: »Ich habe nicht gelacht!« Wie sollte der Gast das wissen, da sie doch hinter dem Vorhang stand und keiner gesehen haben kann, wie sich ihr Gesicht zu einem spöttischen Lächeln verzog. »Doch, du hast gelacht«, antwortet ihr Gott. Der unerkannte Gast hat Ohren, die hören, was keines Menschen Ohr hört, und Augen, die sehen, was kein Mensch zu sehen vermag.

Gott ist es, der unsere Herzen prüft, sagt die Bibel an anderer Stelle, und wir begreifen, dass auch wir seiner Prüfung unterstehen. Gott prüft unser Herz und unsere Gedanken, er kennt unsere Worte, bevor sie auf der Zunge sind. Diese Botschaft lässt verstehen, warum wir nach innen und nach außen dieselben sein sollen. Das ist keine Drohung. Gott stellt heraus, was Sara dachte (übrigens dachte Abraham nicht anders, 1. Mose 17,17), aber der unbekannte Gast zieht daraus keine für Sara (oder Abraham) negativen Konsequenzen. Er straft sie nicht, er erweckt sie zur Aufrichtigkeit. Gott weiß alle Dinge. Es macht keinen Sinn, ihn belügen zu wollen.

Der unerkannte Gast

In der Geschichte vom verborgenen Gottesbesuch wird die Sohnesverheißung an Abraham zum vierten Mal wiederholt. Das geschieht auf dem Hintergrund der zurückliegenden Kapitel, die den tatsächlichen Verlauf der Dinge in denkbar krassem Gegensatz dazu schildern. Immer und immer wieder wurde Abraham enttäuscht. Die Ankunft in Kanaan bringt keine Schwangerschaft seiner Frau Sara mit sich. Was ihn erwartet, ist eine Hungersnot. In diesen Jahren dominiert in Abrahams Leben der Zweifel und nicht der Glaube. Die Erzählung unterstreicht seine Anfechtungen. So versucht er durch seine Magd Hagar die Erfüllung der Verheißung herbeizuführen. Aber dieser Versuch der Selbsthilfe bringt statt des erwünschten Erfolgs viele Probleme mit sich. Abraham und Sara werden älter und älter, bis schließlich nach menschlichem Ermessen keinerlei Chance auf eine Kindeszeugung bzw. Geburt mehr besteht. Nun erst, als alle Hoffnung verbraucht ist, wird die Verheißung abermals wiederholt und erstmals mit einer konkreten Zeitangabe versehen: »Übers Jahr wirst du einen Sohn gebären.« Dabei wahrt der unbekannte Gast sein Inkognito bis zum Schluss.

Warum antwortet Gott nicht klarer? Weshalb wirkt er das, was wir glauben, erwarten und erhoffen, nicht überzeugender? Ob Gott wohl etwas unmöglich und er unfähig zu wirken ist, wo kein Mensch mehr etwas wirken kann? Mit dieser Frage erreicht die Erzählung ihren Höhepunkt. Und hier ist nicht vom Glauben des Abraham die Rede und nicht vom Glauben der Sara. Im Gegenteil. Ihr Unglaube ist nunmehr deutlich bewiesen und zum wiederholten Male neben ihrem Vertrauen, ihrem Zweifel, ihrem

Zaudern und ihrer Angst herausgestrichen: Nicht der menschliche Glaube wirkt Wunder, sondern Gott, der sich etwas vorgenommen hat und es ausführt! Das ist hier so wie beim sprichwörtlichen Glaube, der Berge versetzt. Jesus spricht es da aus (Matthäus 17,14-21), wo wieder einmal deutlich wird, dass seine Jünger zweifeln und nichts vermögen. Ja, Glaube versetzt Berge! Das eigentliche Wunder aber ist, dass sie, trotz all unserer Zweifel, nicht dort stehen bleiben, wo sie sind. Weil Gott Berge verrückt und seiner Macht keine Gewalt widersteht! Gott sei Dank: Unser Glaube beweist nicht Gottes Vollmacht, und unsere Treulosigkeit beeinträchtigt nicht seine Treue gegenüber sich selbst!

Kein Anschluss unter dieser Nummer

Die Abrahamgeschichte verdeutlicht: Gott macht sich in seinem Handeln nicht abhängig von unserem Vertrauen. Anderes ist noch bedeutsamer. Der unerkannte Gast ist nicht nur gekommen, um Abrahams Glauben zu prüfen. Nein, Gott prüft unsere Zuwendung zum anderen Menschen. Abraham bittet die Männer zu bleiben. Gottes Selbstgespräch macht klar: Abraham wird die Generationen nach ihm dazu anleiten, Gottes Wille zu beachten und Recht und Gerechtigkeit zu üben. Das ist Voraussetzung dafür, dass Abraham empfängt, was ihm verheißen ist. Auffällig ist: Geredet wird nicht vom Glauben, sondern Abraham ist der Lehrer des Gehorsams.[29]

Die alles bestimmende, aber unausgesprochen bleibende Frage lautet: Ist Gott in seinem Tun gerecht oder nicht? Dafür muss Abraham verstehen, was sich vor seinem Auge abspielt. Die Zer-

---

29 In dieser Zuspitzung sehen Exegeten einen Hinweis auf die nachexilische Wirkung der Geschichte, zu einer Zeit also, als das Volk Israel und vor allem seine religiöse Führung den eigenen Glauben fern der Heimat neu bedachten und intensiv reflektierten. Im Ergebnis fand man zu der Überzeugung, dass der Ungehorsam des Volkes und seine Auflehnung gegen Gottes Gebot das Unheil der Verschleppung Israels heraufbeschworen.

störung der Städte mag die Menschen damals ebenso aufgewühlt haben, wie uns die Frage bewegt, ob es gerecht ist und gerechtfertigt, Kabul und Katar oder andere Städte zu bombardieren. In diesen Städten leben und sterben doch nicht nur gewalttätige Taliban und kriminelle Terroristen, sondern ebenso unschuldige Frauen und Kinder. Abraham fragt wie wir: Ist es recht, den Tod vieler Unschuldiger billigend in Kauf zu nehmen, um das Unrecht einiger zu sühnen? Bedeutsam ist, wie Abraham in das Geschehen einbezogen wird. Er kann nicht als Außenstehender darüber urteilen, sondern er muss sich persönlich verwenden. So tritt er Gott in den Weg, stellt sich vor ihm auf. Eine kühne Geste, ein gewagter Schritt! Aber offensichtlich genau das, was Gott von Abraham und uns erwartet. Abraham erweist sich als gerecht, weil er sich zum Fürsprecher der Bedrohten macht. So beginnt der Dialog zwischen ihm und Gott mit einer ersten wichtigen Einsicht: Wollen wir Gottes Leute sein, sollen wir mitreden; dann sollen wir mit Gott reden, wenn es um andere Menschen geht. Sprechen wir uns aus, sehen wir nicht unbeteiligt zu, kämpfen wir geistlich für diese Welt! Wir können uns nicht aus der Verantwortung stehlen. Das ist Christenpflicht: Beten für die Welt!

Wegsehen und beten?

So tritt Abraham dicht an Gott heran und eröffnet das Gespräch. Dabei bleibt ihm der schmale Grat bewusst, auf dem er sich bewegt: Ich bin nur Staub, ich habe kein Recht, so vor dich zu treten. Aber ich tue es dennoch. Demütig zwar, aber entschlossen. Das kannst du nicht machen, Gott! Jeder andere, aber du doch nicht! Bedenke, was ist mit den Unschuldigen? Zugestanden, Sodom ist eine gerichtsreife Stadt! Zugestanden, wir sind es auch. 5000 Menschen starben vorsätzlich in den New Yorker Zwillingstürmen, viele Tausend fielen der nachfolgenden Kriegstreiberei zum Opfer, Ungezählte sich fortsetzenden terroristischen Anschlägen, 300 000 sterben jedes Jahr planmäßig in unseren Kliniken durch Abtreibung. Das ist unserem Staat die Sache nicht wert, Frauen in Konfliktsituationen ausreichend zu unterstützen, damit ihre Kinder leben können. Doch kann Gott wegschauen, wo wir uns an Krieg und Mord gewöhnt haben? Wir wollen einen Gott, der uns gut ist, der uns tröstet, zur Hilfe eilt, wenn wir nach ihm rufen. Abraham aber bittet nicht für sich. Seine Fürbitte gilt den anderen. So lernen wir Gebet, das Gott erhört.

Glaube ist nichts Egoistisches. Lernen wir, Gott in den Mittelpunkt unseres Denkens zu rücken, und beginnen wir unsere Zeit und Weltentwicklung mit seinen Augen zu sehen, dann werden wir aufhören mit der geistlichen Nabelschau. Wie oft sind unsere Gebete ausschließlich mit uns befasst: was wir erreichen wollen, was uns noch fehlt, was wir uns wünschen und wonach wir streben. Dabei haben wir keine Bedenken, für eine gute Wahl beim nächsten Autokauf zu bitten, für reifes Gemüse in unseren Gärten oder glückliche Urlaubsreisen. Nicht, dass daran etwas falsch wäre. Aber könnten Gott andere Dinge wichtiger sein als die Anliegen, mit denen wir ihn täglich überfluten? Auch Gemeindeleben kann egoistisch sein. Wir beten dann vor allem um innergemeindliche Anliegen. Wir beten für gutes Gelingen bei Gemeindefeiern, für unsere Jugendlichen und Kinder, für die Gesundheit unserer Gemeindemitglieder und bringen Gott all die Sorgen, die uns sonst noch befassen. Abraham bittet mit keiner Silbe für sich, ja nicht einmal für seine Angehörigen in Sodom. Sein Gebet gilt den Fremden! Um von unseren Problemen loszukommen, sollten wir beginnen, für die uns fremden Menschen zu beten. Das weitet den Horizont und vertreibt viele unserer eigenen Sorgen. Paulus erwartet von der Gemeinde (1. Timotheus 2,2) leidenschaftliches Gebet für diese Welt: »Helft mir kämpfen mit Beten« (Römer 15,30), fordert er uns auf. Wir sollen beten lernen, und dafür müssen wir wissen, welche Gaben unter Gottes Verheißung stehen. Das heißt, wir sollen Gott um das bitten, was er will. Es gibt keinen Grund, darauf zu verzichten. Es entspricht Gottes unbedingtem Willen. Glauben wir wirklich, dass Gott liebt? Wer anders als wir soll dann bei ihm für die Menschen eintreten?

Gott sieht nach dem Rechten

»Ich will hinabsteigen und sehen, ob zutrifft, was mir über die Menschen von Sodom und Gomorra zu Ohren gekommen ist.« Gott will sich des Falls annehmen. Sein Handeln ist unaufhebbar mit menschlichen Entscheidungen, mit menschlichem Recht und Unrecht verbunden. Gott sieht nach den Völkern – und er bestraft sie. Beter müssen das wissen. Sie können nicht außer Acht lassen, dass Gott Gericht hält. Die Dinge entwickeln sich aufs Ganze gesehen nicht gut: Terror, vor dem wir uns fürchten, biologisch-chemische Kampfführung, die uns in Schrecken versetzt. Bombenanschläge in den Weltstädten aller Kontinente, ungezählte Kriege und Stellvertreterkriege, Konzentrationslager, Folter und Guantanamo. Kulturen und Religionen stehen gegeneinander auf[30] und Völker drohen einander die Vernichtung an. Stets aufs Neue sehen wir auf Israel und den Palästina-Konflikt. Fassungslos schauen wir zu, wie im Kongo Hunderttausende Flüchtlinge von Milizen hin und her getrieben und ermordet werden. Dabei geht es auch um wertvolle Rohstoffe, an denen dies Land so reich ist und die der Westen z.B. für seine Handytechnik benötigt. Mit Abraham fragen wir aber auch nach dem Leid, das nicht wir verursachen: Ist das gerecht, wenn Erdbeben, Flutwellen und Kriege millionenfaches Leid mit sich bringen? Der Untergang von Sodom und Gomorra gibt uns darauf erschreckende Antwort. Weil sich nicht zehn Gerechte in den

---

30 Samuel P. Huntington, Kampf der Kulturen, München/Wien 1998. Jesus verheißt in seinen Endzeitreden ebenfalls nichts Gutes: »Ein Volk wird gegen das andere kämpfen, ein Staat den anderen angreifen« (Markus 13,8).

Städten finden, hat Gott ihren Untergang beschlossen. – Was hat Gott mit uns vor?

Ist das die Frage oder die Einsicht, dass alle Menschen aller Nationen, Städte und Länder sich gegen Gott versündigt haben? So steigt er auch zu uns herab, um sich von uns ein Bild zu machen. Wir erkennen in dieser biblischen Beschreibung vielleicht nur ein antiquiertes Welt- und Glaubensbild. Aber Gottes Urteil über uns ist eindeutig! Oft schon versanken Hochkulturen und Weltmächte im Lauf der Weltgeschichte. Sind die USA von Gott angezählt, ist ihre hohe Zeit abgelaufen? Die unsägliche Kapitalvernichtung durch verantwortungslose, raffgierige Männer und Frauen, losgelöste Politiker und nimmersatte Wirtschaftskapitäne lässt keinen Zweifel zu: Kaum mehr als einen Schritt sind wir vom weltweiten ökonomischen Supergau entfernt, der ökologische ist bereits eingeläutet, und an Kriegstreibern fehlt es (auch) im erweiterten Osteuropa nicht. Die Völker der Welt haben sich mit millionenfachem Hungertod abgefunden, zerstören die Natur um des sogenannten Fortschritts willen, plündern Bodenschätze, verseuchen Ackerböden und versetzen Babymilch mit Chemikalien. Nicht zehn Gerechte fand Gott in Sodom und Gomorra, und diese Zahl steht symbolisch für alle Staaten, Nationen und Völker der Erde.

Der Wille zu retten

Abraham plagt die Sorge: Was soll geschehen und wie geht es weiter? Dabei denkt er nicht neuzeitlich-individualistisch daran, die wenigen Guten aus dem Meer der Bösen herauszufischen. Damit würden wir uns ja nur zu gerne beruhigen. Abraham will, dass alle verschont werden, nicht nur wenige. Woran nimmt Gott Maß? An der Schuld der vielen oder der Unschuld weniger? Es geht um die Definition dessen, was als gerecht gelten darf. Und das betrifft kein menschliches Verhalten, sondern die Frage nach Gott. Dass das Gespräch bei den zehn abbricht und dass Sodom dennoch untergeht, unterstützt diesen Gedanken. Hier kündigt sich an, was im Neuen Testament zu endgültiger Gewissheit gelangt: Weil Gott an den Menschen hängt, will er, dass nicht einer verloren geht, sondern alle zur Erkenntnis der Wahrheit kommen (1. Timotheus 2,4). Das ist die neutestamentliche Antwort, deren gute Nachricht hier bereits durchschimmert. Es geht nicht um die Anzahl einzelner Gerechter. Es geht zuletzt nur um den Einen, der sein Leben gibt für die vielen. Abraham versteht Gott. Er weiß, dass Jahwe nicht daran gelegen ist, zu vernichten. Warum käme er sonst noch bei ihm vorbei? Denn ihm ist tatsächlich die ganz kleine Minderheit von Schuldlosen bedeutsamer als die Strafe der Sünder. Gottes Wille ist eindeutig zu retten, nicht zu strafen.

Anregungen
zum persönlichen Gebrauch und Gruppengespräch

Gott will Ihr Gast sein! Bereiten Sie sich auf sein Kommen vor! Wie bereiten Sie ihm ein Willkommen?

Nach innen und außen dieselben sein: Bei Gott können wir uns das leisten, weil er unsere geheimsten Gedanken kennt.

Haben Sie auch schon – vergleichbar Abraham, Sara und Hagar – versucht, Gott auf die Sprünge zu helfen?

Warum wird in der Bibel einerseits Abrahams Glaube sehr stark betont, andererseits aber sein Zweifel nicht verschwiegen?

Welchen Raum nimmt das Gebet für die Welt, in der wir leben, bei uns persönlich und in der Gemeinde ein?
Sind Sie ein Glinus – Glaubender in unserem Sinne? Wie viele Menschen kämen ohne Jesu Opfer in den Himmel und wie viele durch ihn? Tauscht

euch aus über die Gleichnisreden Jesu vom Weizen und Unkraut, vom Weltgericht (Matthäus 25) und von dem reichen Jüngling.

Ich glaube nicht, dass die Erlösungskraft Christi begrenzt werden kann.

Ich glaube nicht, dass Gott auf unsere Fürbitten und Mission verzichten will.

Ich glaube nicht, dass sich zehn Gerechte in unseren Gemeinden finden.

Ist Gott das Problem?

Es geht also darum, wegzukommen von den Bildern und Fehlerwartungen, die wir vom Christsein und von Gott haben, hin zu einer neuen Sicht! Nicht Gott ist das Problem, aber tatsächlich machen wir uns mit ihm viele Probleme.

> **Alle Sorge werft auf ihn, denn er sorgt für euch.**
>
> 1. Petrus 5,7

Was zusammengehört

Unsere Wahrnehmung ist vom eigenen Blickwinkel, von unserem Interesse und unserer Fragestellung abhängig. Wir sehen die Dinge nicht objektiv, sondern aus einer bestimmten Perspektive. Dieses Prinzip gilt in alltäglichen Situationen, wie beispielsweise der Beschreibung eines Unfallhergangs oder der Darstellung eines Konflikts. Aber auch Gott schauen wir durch unterschiedliche Brillen an: rosarot oder dunkelschwarz, verschwommen oder eingefärbt. Neues entdecken wir so nicht, es sei denn, wir stolpern zufällig darüber. Aber den Sinn unseres Lebens und den Glauben an Gott sollten wir nicht dem Zufall überlassen. Wir werden Jesus Christus begegnen, wenn wir ihm und uns selber nicht länger ausweichen. So wird unser Glaube echt und unser Leben sinnerfüllt.

Den Glauben an Gott		*mein Leben*
zu verstehen	erfordert	anzunehmen.
anzunehmen	erfordert	zu schätzen.
zu schätzen	erfordert	zu gestalten.

Keine Angst vor neuen Gedanken!

Den Glauben zu verstehen [erfordert] mein Leben anzunehmen.

Den Glauben an Jesus Christus verstehen wir so wenig auf den ersten Blick wie uns selbst. Unsere Vorurteile hindern uns daran. Ganz klar sehen wir nie. Wie bekommen wir also Durchblick?

Unser aufgeklärtes Denken nährt sich aus dem griechischen Denken. Dafür ist ein Distanz nehmendes Sehen und Begreifen maßgebend. Entsprechend gehen wir üblicherweise davon aus, dass es so etwas wie objektive Erkenntnis gibt. Richtig oder Falsch sind demnach die Alternativen. Befragen wir die Bibel, stellen wir jedoch fest, dass Gotteserkenntnis keinen objektiven Betrachter erfordert, sondern die sehr subjektive Wahrnehmung demütiger Herzen. Demütig sein vor Gott bedeutet, ihn nicht als Gegenstand des Erkennens zu betrachten, den wir verstehen müssten oder auch nur verstehen könnten. Mehr noch als bei unserer begrenzten Selbstwahrnehmung sind wir im Glauben auf Hilfe von außen angewiesen.

Wir können nie nur eins von beiden haben: Gott oder das Leben. Erst wenn beides zusammenkommt, erfahren wir uns als beschenkte Menschen, deren Leben reich und sinnvoll ist. Naturgemäß stoßen wir dabei auf unbekannte Gedanken und ungeahnte Zusammenhänge. Wir müssen den Mut aufbringen, uns von Vertrautem zu verabschieden, das uns vielleicht jahrelang Sicherheit versprochen hat. Es geht immer wieder um diesen Brückenschlag. Etwas zu verändern bedeutet, Altes zu verlassen, um Neues zu gewinnen. Nur eine begriffene Systematik können wir durchbrechen. Einzig unsere durchschauten Denk- und Verhaltensmuster können wir ablegen, und nur unsere angenommenen Gefühle können wir verändern.

Auf Empfang gehen

Gotteserkenntnis ist kein intellektuelles Wissen. Es geht um ein tieferes, weil als Geschenk begriffenes Erfassen der Wirklichkeit. Jesus gebraucht darum Bilder aus der Natur, um uns die Gute Nachricht zu vermitteln. Diese Vergleiche sind sehr eingängig und haben einen gemeinsamen Zielpunkt. Es steht das natürliche Wachsen und Reifen im Vordergrund und nicht menschliches Genie. Ob Jesus nun von der selbst wachsenden Frucht spricht oder von guten Früchten am guten Baum, vom Geist Gottes, der weht, wo er will, oder vom kleinen Senfkorn, das zum großen Baum wird: Nie sind es Menschen, die es werden lassen! Jesus stellt uns in die Reihe der Zuschauer, die sehen, was (an uns) wird und was Gott für uns getan hat. Gott erkennen wir nur als Betrachter. Jesus beschreibt darum religiöse Erkenntnis als das Vertrautsein mit Gottes Willen: »Wer bereit ist, Gott zu gehorchen, wird merken, ob meine Lehre von Gott ist oder ob ich meine eigenen Gedanken vortrage« (Johannes 7,16-17; Matthäus 7,24-27). Wo Gottes Liebe erwidert wird, kommt er uns nah (1. Johannes 4,7). Doch um Gott zu lieben, benötigen wir Anleitung. Die Bibel ist dabei der Ratgeber erster Wahl. Lassen wir uns auf diese Einsicht ein, werden wir nach Gottes Weg für uns fragen. So wie der Psalmist betet: »Herr, weise mir deinen Weg und erkenne, wie ich es meine« (Psalm 139,23).

Damit berühren wir die zweite Erfahrungsebene: Wir verstehen Jesus nicht, wenn wir uns nicht (mehr) selbst verstehen. Wie sollen wir ihm vertrauen, wenn es uns schon nicht gelingt, uns selbst anzunehmen?

Geschenkte Existenz

Den Glauben anzunehmen | erfordert | mein Leben zu schätzen.

Wir leben, wissen aber oft nicht, wozu. Wir nehmen Tag für Tag unter die Füße. Aber wenn wir uns fragen, wohin wir eigentlich wollen, fällt uns nichts dazu ein. Darum träumen wir uns vieles herbei. Glücklich wollen wir sein, aber wir wissen nicht, wie. Mag sein, wir können unsere Entscheidung für Jesus mit Tag und Stunde benennen. Aber dennoch bleibt das Gefühl, der Auferstandene sei noch nicht angekommen oder wir seien auf dem Abstellgleis gelandet. Das Christsein entfaltet bei uns keine Vorwärtsbewegung. Allgegenwärtig Stillstand. Dann merken wir, dass wir zwar den Glauben an Jesus Christus angenommen haben, aber uns von ihm nicht angenommen fühlen. Unser Herz widersetzt sich dem Vertrauen auf Gott, und unser Alltag widersetzt sich dem Vertrauen auf uns selbst.

In dieser doppelten Spannung wünschen wir uns schlüssige Antworten. Doch wie zu einem Sicherheitsschloss immer nur ein Haustürschlüssel passt, brauchen wir den passenden Schlüssel zu unseren Herzenstüren. Die sind so vielfältig und verschiedenartig, dass es keinen Zweck hat, nach einem Dietrich zu suchen, der alle unsere Probleme aufschließt. Zu häufig probieren wir allerlei aus, was Bekannten oder Freunden geholfen hat, oder erwarten Ratschläge, die uns den entscheidenden Durchbruch bringen. Aber wir sind Individuen, und darum dürfen wir uns mit Antworten von der Stange nicht zufriedengeben. Was anderen geholfen hat, muss uns noch lange nicht weiterbringen. Machen wir uns auf den Weg, das Eigene zu finden! Uns anzunehmen bedeutet, unser persönliches Schlüsselarsenal auszuloten. Und zwar so lange, bis wir gefunden haben, was uns die Tür zu jenen Kellern oder Luftschlössern öffnet, vor denen wir ängstlich oder sehnsuchtsvoll stehen.

Erfülltes Christsein

Tatsächlich ist Glaubensfreude nicht an Wohlstand und Erfolg, an medizinische Rundumversorgung und politische Freiheit gebunden. Erfülltes Christsein beginnt, wenn wir es nicht mehr definieren möchten. Manchmal ringen wir mit Gott wie mit einem nicht zu überwältigenden Riesen, der nicht geben will, was wir begehren. Dann fühlen wir uns von ihm übervorteilt. Irgendwie passt er nicht in unsere Lebensplanung hinein mit seiner Macht und Größe, mit seiner Unantastbarkeit und gleichzeitigen Nähe. Wir hätten Jesus gerne handlicher. Griffbereit wie ein Handy in der Tasche, auf den man jederzeit einreden kann, um ihn von dem zu überzeugen, was wir uns wünschen. Aber Christus will nicht unsere Wunschvorstellungen von einem erfüllten Leben verwirklichen, sondern vielmehr sein Leben in uns nach seinen Vorstellungen gestalten. Das ist menschlich, weil es uns einerseits nicht entmündigt, aber andererseits auch nicht bei uns allein belässt. Und es ist geistlich, weil Gott auf diese Weise in unser Leben einzieht. Gott nehmen wir am besten an, indem wir ihn nicht in einer bestimmten Weise haben möchten. Fördert es unseren Glauben, wenn wir immer bekommen, was wir uns wünschen? Nein, Gott ersehnen, das verändert unser Leben!

Matthäus 5,3-12

> *3 »Freuen dürfen sich alle, die nur noch von Gott etwas erwarten – mit Gott werden sie leben in seiner neuen Welt. 4 Freuen dürfen sich alle, die unter dieser heillosen Welt leiden – Gott wird ihrem Leid für immer ein Ende machen. 5 Freuen dürfen sich alle, die auf Gewalt verzichten – Gott wird ihnen die Erde zum Besitz geben. 6 Freuen dürfen sich alle, die danach hungern und dürsten, dass sich auf der Erde Gottes gerechter Wille durchsetzt – Gott wird ihren Hunger stillen. 7 Freuen dürfen sich alle, die barmherzig sind – Gott wird auch*

mit ihnen barmherzig sein. 8 Freuen dürfen sich alle, die im Herzen rein sind – sie werden Gott sehen. 9 Freuen dürfen sich alle, die Frieden stiften – Gott wird sie als seine Söhne und Töchter annehmen. 10 Freuen dürfen sich alle, die verfolgt werden, weil sie tun, was Gott will – mit Gott werden sie leben in seiner neuen Welt. 11 Freuen dürft ihr euch, wenn sie euch beschimpfen und verfolgen und verleumden, weil ihr zu mir gehört. 12 Freut euch und jubelt, denn Gott wird euch reich belohnen. So haben sie die Propheten vor euch auch schon behandelt.«

Mit einer Taschenlampe bewaffnet, zwängten sich meine Kinder und ich durch einen schmalen Stollen. Immer tiefer krochen wir auf allen vieren in stockfinstere Nacht hinein. In dem unterirdischen Tunnelsystem einer alten Burganlage folgten wir der Dunkelheit. Die Luft war feucht und kalt und mit ihr kroch uns die Angst an. Plötzlich erlosch die Taschenlampe. Um uns herum war alles schwarz und die Hand vor den Augen nicht zu sehen. Einen Augenblick hörten wir nur unseren Atem, dann angstvolle Stimmen: »Licht! Macht das Licht wieder an!« – Manchmal ist es mit dem Glauben so, dass wir Gott wie eine Taschenlampe benutzen, um unsere Angst zu bewältigen und den Weg zu finden, nach dem wir suchen. Sind wir dann durch den Tunnel hindurch, schalten wir die Taschenlampe aus und legen sie beiseite. Wir spüren aber auch, dass Gott auf diese Weise nicht in unser Leben kommt. Wenn es uns nicht wirklich um ihn geht, können wir Gott nicht lieben. Gott annehmen bedeutet, ihn in jedem Augenblick zu haben, nicht nur in den guten und nicht nur in den schlechten, sondern ebenso in der Eintönigkeit der meisten anderen.

Die Spur ziehen

Den Glauben zu schätzen | erfordert | mein Leben zu gestalten.

Von Zeit zu Zeit fühlen wir uns durch Gottes Ansprüche überfordert, obgleich uns nicht deutlich vor Augen steht, was er wirklich von uns will. Ein anderes Mal halten wir unsere Fantasien für Gottes Absichten oder fühlen uns zwischen eigenen Wünschen hin und her gerissen. Darüber unglücklich, möchten wir, dass Gott unser Leben in seine Hand nimmt. Wir stellen uns vor, er habe für unser Leben einen festgelegten Plan, den es auszuführen gelte. Nicht nur das Ziel unseres Lebens soll Jesus bestimmen, sondern jeden einzelnen unserer Schritte und alle unsere Entscheidungen. Jedoch: Möchten wir hundertprozentig wissen, was Jesus von uns will, werden wir darüber nichts in Erfahrung bringen. Wir stehen dann vielmehr unter der ständigen Drohung, etwas falsch zu machen. Denn woher wollen wir wissen, dass eine Entscheidung und keine andere die richtige war? Weil es jeden Augenblick und alle Wirklichkeit für uns nur einmal gibt, können wir nie wissen, was die definitive Folge einer anderen Entscheidung in derselben Situation gewesen wäre. Wie viele Weichen wurden von uns nicht gestellt aus Angst, in die falsche Richtung zu fahren! Tatsächlich hat Gott für uns keinen fertig vorgezeichneten Plan im Himmel liegen. Gott hat eine Absicht, die er mit uns und der Welt erreichen will. Aber er legt uns dazu auf keine Spur fest. Die Spur zu ziehen ist unsere Aufgabe.

Jeder Schritt, den wir tun, bedeutet eine Veränderung. Wir bleiben nicht, was wir sind. Aber sich verändern »müssen« ist nicht unbarmherzig. Im Gegenteil. Solches *Müssen* kann für uns selbst und unsere Mitmenschen sehr viel barmherziger sein, als zu bleiben, wie wir sind. Die gegenseitigen Forderungen und Erwartungen eines Ehepaares drohen ihre Ehe zu zerstören. Er bedauert, dass sich ihr Äußeres unvorteilhaft verändert hat. Sie beklagt seine Gleichgültigkeit ihr gegenüber. Jeder erwartet vom anderen, er solle sich verändern, aber beide sind nicht bereit, bei sich und von sich aus, ohne Vorbedingungen, damit anzufangen ...

Wir müssen nicht müssen!

Mit dem Glauben verbindet sich im Alten und Neuen Testament Gottes Anspruch auf unser Tun. Er fordert zur Gestaltung unseres Lebens auf. Solches *Müssen* ist kein Zwang und keine Versklavung. Um zu leben, »müssen« wir essen und trinken. So »müssen« wir uns auch verändern, »müssen« wir beten, »müssen« wir in der Bibel lesen, »müssen« wir Gemeinschaft unter Christen haben, um im Glauben zu wachsen. Wir *müssen* uns verändern – das Leben ist so! Erinnern Sie sich noch an Ihre Pubertät, oder kennen Sie Jugendliche, die mittendrin sind? Ist die Midlife-Crisis für Sie mehr als nur ein Schlagwort, und kennen Sie aus eigener Erfahrung oder Anschauung die Mühe des Alterns? Das Leben zwingt uns diese Veränderungsprozesse auf. So aufreibend und nervend die Pubertät für einen jungen Menschen auch ist, sie trägt die Verheißung, ein eigenständiger, von Erwachsenen (Eltern) unabhängiger Mensch zu werden. Sosehr das Erreichen der Lebensmitte verunsichern kann, es trägt die Verheißung eines neuen Lebenskapitels. So schmerzvoll im Alter die Abnahme der eigenen Kräfte empfunden wird, es trägt die Verheißung ewigen Lebens.

Jesus vergleicht sich dem Lebenswasser, das zu einer Quelle des Lebens in uns wird. Doch trinken »müssen« wir es schon selbst! Das ist lebensnotwendig und keine Qual. Gott bedroht uns nicht mit dem Leben, aber er mutet es uns zu.

Anregungen
zum persönlichen Gebrauch und Gruppengespräch

Wollen Sie sich zum Glauben an Gott von ihm helfen lassen?

Wie passt Gott in Ihre Lebensplanung?

Welche der folgenden drei Kategorien trifft am ehesten auf Sie zu?
a) Vertraute Denkweisen hindern mich, Gott zu erkennen.
b) (Verdrängte) Gefühle behindern mich, Gott zu lieben.
c) Verhaltensweisen behindern mich, Gott zu folgen.

Jesus preist die selig, die noch nicht bekommen haben, wonach sie sich sehnen: Tauscht euch über die Seligpreisungen aus und berichtet einander, was sie euch persönlich bedeuten.

Wie bringen Sie Eintönigkeit in Ihrem Leben mit dem Glauben an Gott zusammen?

Glauben Sie, dass Gott einen Plan für Ihr Leben hat? Was verstehen Sie darunter? Und was bedeutet es für Ihre praktische Lebensgestaltung?

Fühlt sich das Leben für Sie eher bedrohlich oder mehr als Zumutung an?

Ich glaube nicht, das Christsein ohne Müssen funktioniert.

Ich glaube nicht, dass ich ohne Gottes Hilfe an ihn glauben kann.

Ich glaube nicht, dass Gott in meine Lebensplanung passt.

Ich glaube nicht, dass uns die Seligpreisungen Jesu verheißen, was wir uns am meisten von ihm erhoffen.

Ich glaube nicht, dass Gott einen Plan für unser Leben hat.

Unterwegs

Lukas 24,13-35

13 Am selben Tag gingen zwei, die zu den Jüngern von Jesus gehört hatten, nach dem Dorf Emmaus, das zwölf Kilometer von Jerusalem entfernt lag. 14 Unterwegs unterhielten sie sich über alles, was geschehen war. 15 Als sie so miteinander sprachen und alles hin und her überlegten, kam Jesus selbst hinzu und ging mit ihnen. 16 Aber sie erkannten ihn nicht; sie waren wie mit Blindheit geschlagen. 17 Jesus fragte sie: »Worüber redet ihr denn so erregt unterwegs?« Da blieben sie stehen und blickten ganz traurig drein, 18 und der eine – er hieß Kleopas – sagte: »Du bist wohl der Einzige in Jerusalem, der nicht weiß, was dort in diesen Tagen geschehen ist?« 19 »Was denn?«, fragte Jesus. »Das mit Jesus von Nazaret«, sagten sie. »Er war ein Prophet; in Worten und Taten hat er vor Gott und dem ganzen Volk seine Macht erwiesen. 20 Unsere führenden Priester und die anderen Ratsmitglieder haben ihn zum Tod verurteilt und ihn ans Kreuz nageln lassen. 21 Und wir hatten doch gehofft, er sei der erwartete Retter, der Israel befreien soll! Aber zu alledem ist heute auch schon der dritte Tag, seitdem dies geschehen ist! 22 Und dann haben uns auch noch einige Frauen, die zu uns gehören, in Schrecken versetzt. Sie waren heute früh zu seinem Grab gegangen 23 und fanden seinen Leichnam nicht mehr dort. Sie kamen zurück und erzählten, sie hätten Engel gesehen, die hätten ihnen gesagt, dass er lebt. 24 Einige von uns sind gleich zum Grab gelaufen und haben alles so gefunden, wie es die Frauen erzählten. Nur ihn selbst sahen sie nicht.« 25 Da sagte Jesus zu ihnen: »Was seid ihr doch schwer von Begriff! Warum rafft ihr euch nicht endlich auf zu glauben, was die Propheten gesagt haben? 26 Musste der versprochene Retter nicht dies alles erleiden

> Herr, bleibe bei uns, denn es ist Abend geworden und der Tag hat sich geneigt.
>
> Lukas 24,29

*und auf diesem Weg zu seiner Herrschaft gelangen?« 27 Und Jesus er-
klärte ihnen die Worte, die sich auf ihn bezogen, von den Büchern Moses
und der Propheten angefangen durch die ganzen Heiligen Schriften.
28 Inzwischen waren sie in die Nähe von Emmaus gekommen. Jesus tat
so, als wollte er weitergehen. 29 Aber sie ließen es nicht zu und sagten:
»Bleib doch bei uns! Es geht schon auf den Abend zu, gleich wird es
dunkel!« Da folgte er ihrer Einladung und blieb bei ihnen. 30 Als er
dann mit ihnen zu Tisch saß, nahm er das Brot, sprach das Segensgebet
darüber, brach es in Stücke und gab es ihnen. 31 Da gingen ihnen die
Augen auf, und sie erkannten ihn. Aber im selben Augenblick verschwand
er vor ihnen. 32 Sie sagten zueinander: »Brannte es nicht wie ein Feuer
in unserem Herzen, als er unterwegs mit uns sprach und uns den Sinn
der Heiligen Schriften aufschloss?« 33 Und sie machten sich sofort auf
den Rückweg nach Jerusalem. Als sie dort ankamen, waren die Elf mit
allen Übrigen versammelt 34 und riefen ihnen zu: »Der Herr ist wirklich auferweckt worden! Er hat sich Simon gezeigt!« 35 Da erzählten sie
ihnen, was sie selbst unterwegs erlebt hatten und wie sie den Herrn erkannten, als er das Brot brach und an sie austeilte.*

Die Geschichte der Emmausjünger ist ein Auferstehungsbericht,
einer der vielen, die davon erzählen, wie Menschen Jesus nach
seiner Auferstehung begegnet sind. Aber diese Geschichte ist
mehr. Sie gleicht der Beschreibung eines Stationenweges geistlichen Lebens.

Jesus geht zu den Unbekannten

Hier sind zwei Menschen, die uns in der Bibel sonst nicht vorgestellt werden. Das ist typisch für die Auferstehungsberichte. Jesus
offenbart sich Leuten, die außerhalb des Zwölferkreises standen.
Die Zwölf hielten sich zu dieser Zeit in Jerusalem versteckt. Um
ihren Kreis herum waren die siebzig, die Jesus für besondere Mis-
sionsdienste ausrüstete. Und dann waren da noch »die vielen«,

die mit Jesus gingen. Zu einer dieser beiden Gruppen gehörten die Emmausjünger. Wäre ihnen Jesus nicht erschienen, hätten wir nie etwas von ihnen gehört. Die ersten Auferstehungszeugen sind unbekannte, unauffällige Leute: die Frauen am Grab und hier die Emmausjünger. Zu ihnen gesellt sich Jesus. Diese unbekannten Jünger sind uns gleich.

Sie fühlen sich ebenso unbedeutend wie die beiden auf dem Weg nach Emmaus? Alleine, getrennt von Jesus, den Staub der Straße in den Kleidern und ohne die Freude der Auferstehung Jesu im Herzen? Es liegt in unserer Natur, dass wir wahrgenommen und beachtet werden möchten. Wir wollen nicht übersehen werden. Wenn ein guter Bekannter Ihren Geburtstag vergisst, spüren Sie dieses Gefühl der unbedeutenden Emmausjünger. Als Jesus zu ihnen kam, senkten sie die Augen und blieben mit traurigem Blick und entmutigtem Herz stehen. Jesus kommt zu denen, die leicht übersehen werden, und schaut sie an. »Mich sieht ja doch keiner. Ich bin für niemanden wichtig. Wie es mir geht, interessiert keinen.« Bei Jesus stimmt das nicht. Er sieht die, die sonst unerwähnt bleiben.

Jesus begegnet den Enttäuschten

Die Jünger berichteten ihrem unerkannten Herrn, wie sehr sie in ihrer Hoffnung auf Jesus enttäuscht worden sind: »Wir aber hofften ...« Vielleicht fühlen Sie sich auch von Jesus enttäuscht, oder Sie werden sich womöglich bereits in ein paar Tagen so fühlen. »Ich aber hoffte ...« Diese Enttäuschung über Jesus und Gott ist nichts Ungewöhnliches. Manche Leute merken nichts davon, weil sie ein sehr starkes Selbstvertrauen haben. Aber enttäuschte Erwartungen sind eine typische Erfahrung in der Christusnachfolge. Kinder, die lange schreien, ohne erhört zu werden, lassen es irgendwann aus lauter Enttäuschung und Erschöpfung sein. Wenn man sie nicht versorgt, werden sie mutlos und resignieren. Heranwachsende

Kinder werden mutlos, wenn man sie übersieht. So reagieren wir auch. »Wir aber hofften, er sei der Messias, der uns hilft.« Gehören Sie zu denen, die über Jesus enttäuscht sind?

Dann kommt er zu Ihnen und hört erst einmal zu. »Was ist los?«, fragt er. »Erzähl mal.« Auf dem Weg nach Emmaus erzählen ihm die beiden Männer, was ihnen auf dem Herzen liegt. Manchmal geht es uns dabei wie Kindern. Schreiend, Tränen in den wütend funkelnden Augen, völlig außer sich steht die kleine Linda vor mir. Was geschehen ist, will ich wissen. Aber sie bringt es nicht heraus. Ihre Stimme überschlägt sich, und mit dem Finger auf Tim zeigend, stößt sie nur schluchzend hervor: »Der, der, der …« Manchmal gelingt es uns nicht auf Anhieb, zu beschreiben, was uns bewegt und was wir fühlen. Wie überforderte Kinder können wir es nicht gleich auf den Punkt bringen. Aber Jesus lässt Ihnen dazu die Zeit!

Jesus konfrontiert die Erwartungslosen

Als Jesus sich die Klage der Jünger angehört hat, sagt er: »Oh ihr, die ihr unverständig und zu trägen Herzens seid. Wie schwer tut ihr euch doch zu glauben.« Enttäuschte Herzen sind erwartungslos. Die Emmausjünger hatten vergessen, was der Herr ihnen zugesagt hatte. Und weil ihnen die Verheißung unsichtbar blieb, glaubten sie nicht mehr daran. Ihre Erwartungen erloschen, weil sie sich getäuscht fühlten. Sie glaubten Jesus ermordet. Darum bestimmten seine Worte und Hoffnung ihren Glauben nicht. Von Jesu Auferstehung hatten sie durch die Frauen Nachricht, aber ihre Hoffnung blieb begraben. Drei Tage genügten, um nicht nur an Jesu Verheißung zu zweifeln, sondern jede Hoffnung zu begraben.

Haben wir keine Erwartung mehr, verlieren wir die Orientierung. Unser Emmaus kann jede x-beliebige Stadt, jede x-beliebige Arbeit, jede x-beliebige Beziehung, jede x-beliebige Aktion sein. Ohne Glauben an die Auferstehung Jesu sind diese Wege allesamt Sackgassen. Wenn wir nicht damit rechnen, dass Jesus mitten unter uns ist, dann erwarten wir auch geistlich nichts. Wir haben Nachricht davon, dass er lebt, aber wir rechnen keinen Augenblick mit seinem Erscheinen. Wie die Emmausjünger erkennen wir nicht, dass er an unserer Seite geht. Wenn wir nicht mit Jesus rechnen, nehmen wir ihn auch dann nicht wahr, wenn er direkt neben uns geht. Manchmal geht er durch sein Wort neben uns; ein anderes Mal durch Geschehnisse, durch Widerstände, durch unerwartete Ereignisse, manchmal durch Menschen, die wir mögen, und manchmal durch Menschen, die wir nicht mögen. Gott predigt unentwegt, aber unsere Aufnahmebereitschaft ist dafür unterentwickelt. Dann sind wir blind für Gottes Realität.

Jesus kehrt bei den Bittenden ein

»Herr, bleibe bei uns, denn der Tag hat sich geneigt.« Was hätte Jesus getan, wenn die Jünger nicht danach gefragt hätten? Diese Frage ist hypothetisch, aber deutlich ist die lehrende Absicht in unserem Text: Jünger bitten Jesus um sein Bleiben, und Jesus kehrt daraufhin bei ihnen ein. Bitten wir den Herrn zu uns! Sagen wir: »Herr, bleibe heute bei mir, denn es ist Morgen geworden, und ich möchte heute wach für deine Gegenwart sein.« Manchmal haben wir es Jesus schon vor einer Woche oder einem Monat gesagt. Doch wir sollen es jeden Tag tun: »Denn es ist Morgen, es ist Abend geworden«, das hört sich an wie ein dichterisch gestaltetes Wort für die tägliche Lebensgestaltung mit Jesus. Die Bitte um das Bleiben Jesu ist ein festes Standbein des Glaubens.

Jesus entzieht sich unseren Blicken

Das fünfte Wegzeichen geistlichen Lebens kommt nach der Bitte um das Bleiben Jesu überraschend, ja, fast gegensätzlich daher. Da heißt es: »… als sie ihn erkannten, da entschwand er ihren

Blicken.« Das ist zunächst wieder eine Enttäuschung. Aber dieses Mal ist etwas anders. Die Jünger haben eine feste Zuversicht und starken Glauben. Es entspricht auch unserer Erfahrung, dass Jesus unseren Blicken entschwindet. »Herr, bleibe«, beten wir, aber wir können ihn nicht halten. Das ist die Realität des Glaubens. Jesus zeigt sich uns, aber er entzieht sich unserem Zugriff. Wir sind im Glauben ein gutes Stück gewachsen, wenn wir diese Prüfung unseres Glaubens bejahen. Das ist die Voraussetzung für geistliche Gelassenheit. Wenn wir frei werden von dem Krampf, Jesus immer sehen zu wollen, werden wir auch bereit sein, ihm im Dunkel zu folgen.

Der Blick auf den Auferstandenen hat das Leben der Emmausjünger verändert. Es brachte sie auf die Beine und damit zurück nach Jerusalem. Jesus zeigt sich uns, und wir können gehen, auch ohne zu sehen – im Vertrauen auf seine Gegenwart und in der Erinnerung daran, dass das Erlebte kein Traum war. Den Emmausjüngern ging es wie einem Kind in der Schule, das weiß: Die Eltern warten zu Hause auf mich. Das Kind sieht die Eltern nicht, aber seine Nähe zu Mutter und Vater beruht auf einer Herzensverbindung. Sie sind dem Kind zugewandt, auch wenn das Kind sie nicht sieht. Dieses Vertrauen lässt es froh nach Hause kommen. Auch die Emmausjünger sahen den Herrn nicht mehr, gingen aber froh ihren Weg. Vorher sahen sie ihn auch nicht und waren traurig. Jetzt sehen sie ihn nicht und sind doch voller Zuversicht.

Jesu Worte entzünden Herzen

»Brannte nicht unser Herz in uns, als wir ihn reden hörten? Wurde uns nicht warm ums Herz, als er mit uns sprach und uns die Heiligen Schriften erklärte?« Gottes Wort ist lebendig; wenn er redet, wird uns warm ums Herz. Deshalb gilt es, Bibel zu lesen. Während die Jünger einiges an Weg mit Jesus gingen, legte er ihnen die Bibel aus. Auch wir können das nicht im Schnelldurchgang machen. Es braucht Zeit der Ruhe, bis das Wort eingeht. Es gleicht einem lang anhaltenden, leisen Regen, der den Boden durchweicht. Von ausgetrocknetem Boden dagegen fließt das Wasser nach einem heftigen Guss ab, und fast nichts dringt in die Erdkrume ein. Vergleichbar geht der einmalige intensive Guss ausführlicher Bibellese schnell über unsere Seele hinweg. Dabei verändert sich nichts. Darum müssen wir uns beim Bibellesen Zeit nehmen. Nicht unsere schnellen Gedanken, sondern unsere Haltung zählt: »Herr, rede du mit mir!« Jesu Worte entzünden die Herzen!

Jesus bricht das Brot mit den beiden Männern. In der Gemeinschaft, im Abendmahl, erkennen wir Christus. Er reicht uns dar, was wir brauchen. Im Brotbrechen erfahren wir seine Nähe. Man kann das Mahl als äußeren Ritus betrachten. Dann wird es uns nicht viel bedeuten. Es wird dann aber auch kaum etwas in uns bewirken. Doch sehen wir, dass uns im Abendmahl die unsichtbare Hand Jesu Brot und Wein reicht, verändern sich die Dinge. Dann erkennen wir in seinen Händen die Nägelmale. Dann nehmen wir uns nicht bloß das Brot vom Teller, sondern wir erkennen, dass es uns Christus selber bricht und darreicht. Da erkannten die Jünger den Herrn!

Anregungen
zum persönlichen Gebrauch und Gruppengespräch

Gibt es Bereiche, in denen Ihre persönlichen Bedürfnisse übersehen werden?

Setzen Sie den Seufzer der Emmausjünger mit Ihren Worten fort: »Ich aber hoffte ...«

Was liegt Ihnen auf der Seele?

Haben Sie zurzeit Augen dafür, dass Jesus an Ihrer Seite ist?

Tauscht euch darüber aus, was euch das Abendmahl bedeutet.

Ich glaube nicht, dass es für Jesus wichtige und weniger wichtige Leute gibt.

Ich glaube nicht, dass sich Gott mehr im Besonderen als im Alltäglichen mitteilt.

Ich glaube nicht, dass uns das Abendmahl mehr an Jesu Tod als an seine Auferstehung erinnern soll.

Was ich nicht glaube

Ich glaube nicht ...

... dass es verlorene Zeit und überflüssige Mühe ist, über Gott nachzudenken.

... dass sich Christen aus politischen und gesellschaftlichen Entscheidungen heraushalten sollten.

... dass der Glaube an Gott keine Fragen aufwirft.

... an den Segen konkurrierender Religionen für die Menschheit und die moralische Überlegenheit des christlichen Abendlandes gegenüber anderen Kulturen.

... dass die wissenschaftliche Erkenntnis von Christen oder Nichtchristen mit letztgültiger, objektiver Wahrheit gleichzusetzen ist.

... dass die Frau schuldiger vor Gott ist als der Mann.

... dass Menschen restlos glücklich machen.

... dass Arbeit unglücklich macht.

... dass unser biologischer Tod nur Verhängnis ist.

... dass Gott ist, wie wir ihn uns denken.

... dass Gott in unsere engen Höhlen passt oder auf unseren höchsten Gipfeln steht.

... dass Gottesfurcht unserer natürlichen Art entspricht.

... dass wir Gott tragen können.

... dass wir Gott beeindrucken können.

... an endgültige wissenschaftliche Forschungsergebnisse über die Schöpfung, weder von Christen noch von Atheisten.

... dass religiöses Recht als Staatsdoktrin zum Wohl der Menschen dient.

... an die Freiheit, die westlicher Kapitalismus verspricht.

... dass menschliche Erfahrung von Gottes Wirklichkeit überzeugen kann.

... dass uns unsere Gefühle und Vernunft zielsicher zu Jesus führen.

... dass uns irgendein Geschehen oder Beweis von Gottes Liebe überzeugen kann.

... dass wir Gottes Handeln verstehen, indem wir ein moralisches Urteil über ihn fällen.

... dass wir aus der ethischen Verpflichtung und politischen Verantwortung unseres Handelns entlassen sind.

... dass Menschen gerechter und barmherziger sind als Gott.

... an eine austeilende oder ausgleichende Gerechtigkeit Gottes.

... dass Menschen ein Urteil über die Erlösung anderer Menschen zusteht.

... dass Vergeben und Versöhnen menschlicher Tugend erwächst.

... dass die christliche Gemeinde auf einem guten Weg ist, wenn sie die Liebe und Einheit als ihr Erkennungszeichen vernachlässigt.

... dass die christliche Gemeinde das Evangelium ohne Leidensbereitschaft in die Welt tragen kann.

... dass menschliche Erfahrungen Gottes Wirklichkeit begründen.

... dass Christen bedingungslos glückliche Menschen sind.

... an ein Christsein ohne gute Werke.

... dass sich geistliches Leben immer gut anfühlt.

... dass wir im Glauben scheitern, weil wir an Jesus verzweifeln, sondern an unseren Bildern von ihm.

... dass im interreligiösen Streit Angst und Gewalt die Gegenwart des Heiligen Geistes repräsentieren.

... dass religiöse Prinzipien anstelle eines demokratischen Staatsprinzips besser geeignet sind, ein Volk zu regieren.

... dass die Erlösungskraft Christi begrenzt werden kann.

... dass Gott auf unsere Fürbitten und Mission verzichten will.

... dass sich zehn Gerechte in unseren Gemeinden finden.

... dass Christsein ohne Müssen funktioniert.

... dass ich ohne Gottes Hilfe an ihn glauben kann.

... dass Gott in meine Lebensplanung passt.

... dass uns die Seligpreisungen Jesu verheißen, was wir uns am meisten von ihm erhoffen.

... dass Gott einen Plan für unser Leben hat.

... dass es für Jesus wichtige und weniger wichtige Leute gibt.

... dass sich Gott mehr im Besonderen als im Alltäglichen mitteilt.

... dass uns das Abendmahl mehr an Jesu Tod als an seine Auferstehung erinnern soll.

Was ich glaube

Ich glaube

an Gott, den Vater, den Allmächtigen,
den Schöpfer des Himmels und der Erde,
und an Jesus Christus,
seinen eingeborenen Sohn, unseren Herrn,
empfangen durch den Heiligen Geist,
geboren von der Jungfrau Maria,
gelitten unter Pontius Pilatus,
gekreuzigt, gestorben und begraben,
hinabgestiegen in das Reich des Todes,
am dritten Tag auferstanden von den Toten,
aufgefahren in den Himmel;
er sitzt zur Rechten Gottes, des allmächtigen Vaters;
von dort wird er kommen,
zu richten die Lebenden und die Toten.
Ich glaube an den Heiligen Geist,
die heilige allgemeine christliche Kirche,
Gemeinschaft der Heiligen,
Vergebung der Sünden,
Auferstehung der Toten
und das ewige Leben.
Amen.

Thomas Härry bei SCM R.Brockhaus / Edition Aufatmen:

Echt und stark
Kraftvoll glauben – Tiefgang finden
Der Schweizer Pastor Thomas Härry erklärt einfühlsam und gut verständlich, dass geistliche Reife dort entsteht, wo emotionale Gesundheit und geistlicher Tiefgang zusammenkommen. Er berichtet von seinem Weg zu einer belastbaren Beziehung mit Gott.
Paperback, 300 S., Nr. 226.706

Das Geheimnis deiner Stärke
Wie Gott deine Lebensgeschichte gebrauchen will
Thomas Härry möchte Menschen dazu ermutigen, sich ihrer persönlichen Lebensgeschichte zu stellen und schmerzhaften Erfahrungen nicht länger auszuweichen. Er zeigt, wie Gott gerade unsere Wunden zu besonderen Stärken machen will.
Gebunden, 180 S., Nr. 226.286

SCM R.Brockhaus